编 委 会

电子商务专业“理实一体化”系列教材

淘宝网店经营

TAOBAO WANGDIAN JINGYING

陈 进 ◎ 主编 黄 立 林丽清 ◎ 副主编 邓筱玲 ◎ 主审

暨南大學出版社
JINAN UNIVERSITY PRESS

中国·广州

图书在版编目（CIP）数据

淘宝网店经营/陈进主编；黄立，林丽清副主编．—广州：暨南大学出版社，2015.9
（电子商务专业“理实一体化”系列教材）
ISBN 978－7－5668－1565－1

Ⅰ.①淘… Ⅱ.①陈…②黄…③林… Ⅲ.①电子商务—商业经营—教材
Ⅳ.①F713.36

中国版本图书馆CIP数据核字（2015）第168118号

出版发行：暨南大学出版社

地　址：中国广州暨南大学
电　话：总编室（8620）85221601
营销部（8620）85225284　85228291　85228292（邮购）
传　真：（8620）85221583（办公室）　85223774（营销部）
邮　编：510630
网　址：http://www.jnupress.com　http://press.jnu.edu.cn

排　版：广州市天河星辰文化发展部照排中心
印　刷：深圳市新联美术印刷有限公司

开　本：787mm×1092mm　1/16
印　张：13
字　数：325千
版　次：2015年9月第1版
印　次：2015年9月第1次

定　价：33.00元

前　言

淘宝网是深受中国民众欢迎的网购零售平台。目前淘宝网上的店铺已超200万家，每天都会新增1万个掌柜，让一大批有志人士实现了零本钱创业，使直接就业和间接就业人数超千万人，越来越多的农民、学生、家庭妇女选择在淘宝网平台进行网络创业，使其成为社会草根实现自我创业和就业的最大平台，淘宝网也成为有志青年最佳的“创业梦工厂”。

《淘宝网店经营》一书全面贯彻理实一体化，围绕项目实践、任务引领和项目课程等当今最新课程改革成果的核心思想，编者力求做到理论联系实践、内容丰富、图文并茂、深入浅出，将淘宝网店运营的实际工作流程按项目分解到教学实训中，便于读者循序渐进地系统学习。本书既可作为中等职业学校电子商务及相关专业学生学习网店运营课程的教材，也可作为社会网店运营培训的教材，还可供网络创业者阅读参考，希望本书对读者掌握网店经营技巧、成为网络赢家有一定的帮助。

全书共分为四个项目，全面介绍网店经营的相关知识，项目一“开网店的前期准备”涵盖淘宝网消费群体分析、网店经营商品选择及定价技巧、网店定位及起名、经营者的基本能力和经营者的良好心态等内容；项目二“淘宝开店”涵盖网店注册、网店装修、商品拍摄技巧、图片美化软件及技巧、宝贝标题的编写、商品描述和商品发布等内容；项目三“淘宝店铺管理”涵盖淘宝店铺找货源、各种商品包装方法、巧用商品包装提升人气、发货应注意的问题、淘宝客服工作、处理淘宝商品纠纷等内容；项目四“店铺推广”涵盖免费推广，站内站外论坛推广，博客、微博推广，QQ群、旺旺群推广，网店促销，付费推广等内容。为了帮助读者检查学习效果，每个项目后附有相应的思考与训练。

本书是教材编写团队集体努力的成果，由陈进、黄立、林丽清共同主持编写，具体编写分工：项目一由陈进、蔡楚文编写；项目二由黄立、邓卓建、王栋、吴红璇、陈丽芳、詹益生编写；项目三由陈进、李晓棠、黄滢、林丽清编写；项目四由孔伟萍、黄立编写。编写过程中，深圳市贝希恩商贸有限公司总经理冷亚伟先生、海外事业部总经理陈启辉先生对本书给予了大力支持并提出了宝贵意见，在此谨表衷心的感谢。

限于编者的学术水平，错误与不妥之处在所难免，敬请读者批评指正。

前言

目　录

前　言 …… 1

项目一　开网店的前期准备 …… 1

任务 1　淘宝网消费群体分析 …… 1

任务 2　网店经营商品选择及定价技巧 …… 5

任务 3　网店定位及起名 …… 13

任务 4　经营者的基本能力 …… 16

任务 5　经营者的良好心态 …… 18

[思考与训练] …… 21

项目二　淘宝开店 …… 22

任务 1　网店注册 …… 22

任务 2　网店装修 …… 35

任务 3　商品拍摄技巧 …… 52

任务 4　图片美化软件及技巧 …… 60

任务 5　宝贝标题的编写 …… 73

任务 6　商品描述 …… 76

任务 7　商品发布 …… 81

[思考与训练] …… 88

项目三　淘宝店铺管理 …… 90

任务 1　淘宝店铺找货源 …… 90

任务 2　各种商品包装方法 …… 96

任务 3　巧用商品包装提升人气 …… 103

任务 4　发货应注意的问题 …… 106

任务 5　淘宝客服工作 …… 109

任务 6　处理淘宝商品纠纷 …… 117

[思考与训练] …… 124

项目四　店铺推广 …… 125

任务 1　免费推广 …… 125

任务 2 站内站外论坛推广 …… 130
任务 3 博客、微博推广 …… 139
任务 4 QQ 群、旺旺群推广 …… 157
任务 5 网店促销 …… 175
任务 6 付费推广 …… 180
[思考与训练] …… 197

附　录 …… 198

参考文献 …… 201

项目一　开网店的前期准备

【学习目标】

1. 了解淘宝市场调查的常用方法和研究消费群体的方法
2. 了解淘宝店铺商品定价
3. 掌握在淘宝网上实施“黄金定价法则”的方法
4. 掌握淘宝店铺定位和起名的方法
5. 了解淘宝店铺经营者所需的个人能力和心态

【学习任务】

1. 了解淘宝店铺常用的进货渠道、商品定价方法
2. 了解淘宝消费群体
3. 初步体验淘宝店铺定位、起名、商品定价
4. 用“黄金定价法则”给商品定价

【总课时】

14 课时

开店做老板是很多人的梦想，随着网络技术的发展，网上开店给人们提供了一个实现梦想的契机。网上开店没有复杂的程序，不需要昂贵的店面租金，也无须仓库，且上手容易，利润也不少，现在利用淘宝网开店就如同在百货商场中租用一节柜台，只要交纳一定的租金，摆好商品，店家就可以利用淘宝网强大的客流量来最大限度地提升自己网店的人气，达到借鸡生蛋的效果。对于希望开店创业又难以投入太多资金的人来说，开网店无疑是较好的选择。在淘宝开网店之前，需要做好哪些准备工作呢？从产品选择、商铺定位、起名到价格制定等，每一步都对网店的未来发展有着至关重要的影响。

任务 1　淘宝网消费群体分析

任务描述：

1. 淘宝的消费人群背景分析
2. 淘宝买家行为分析

淘宝网是亚太最大的网络零售商圈，致力打造全球领先的网络零售商圈，由阿里巴巴集团投资创立。淘宝网现有业务跨越 C2C（个人对个人）、B2C（商家对个人）

两大部分。自2003年5月10日成立以来，淘宝网基于诚信为本的准则，从零做起，在短短几年时间内，迅速成为国内网络购物市场的第一名，占据了中国网络购物70%左右的市场份额，创造了互联网企业发展的奇迹。2014年“双十一”，淘宝销售额为571亿元，物流订单2.78亿。目前，淘宝网已经成为越来越多网民网上消费的最佳选择。

一、淘宝的消费人群背景分析

1. 淘宝消费人群以女性居多

根据有关数据分析显示，女性网民是淘宝网网购的活跃人群，在网购用户中的份额已经超过男性，并且进一步增大。

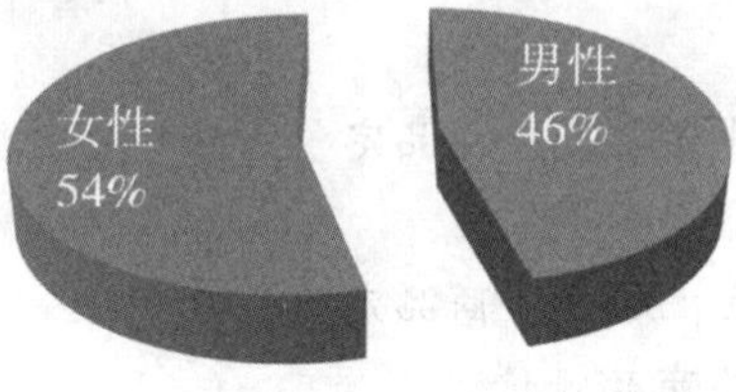

图1－1

2. 网购用户的年龄层次

网购用户大多为年轻人，年龄集中在18～30岁，并且以企业白领和学生为主。收入越高的用户，网购金额和频率越高；30～40岁的网民，在各年龄区间的用户中网购频率和金额最高。

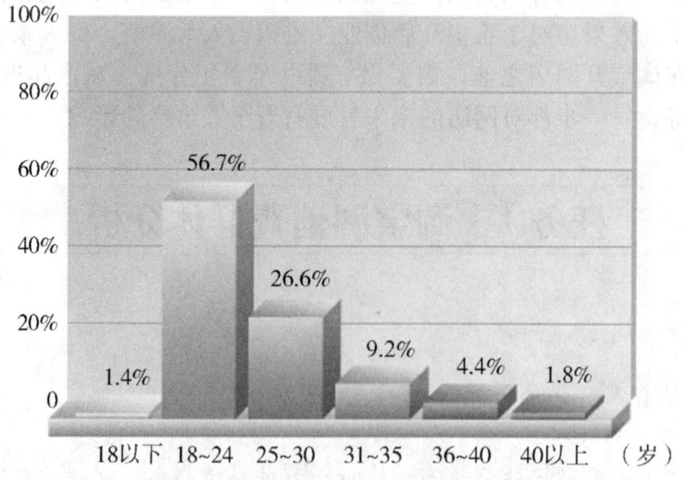

数据来源：问卷星 www. sojump. com

图1－2

3. 买家在淘宝购买商品考虑的因素

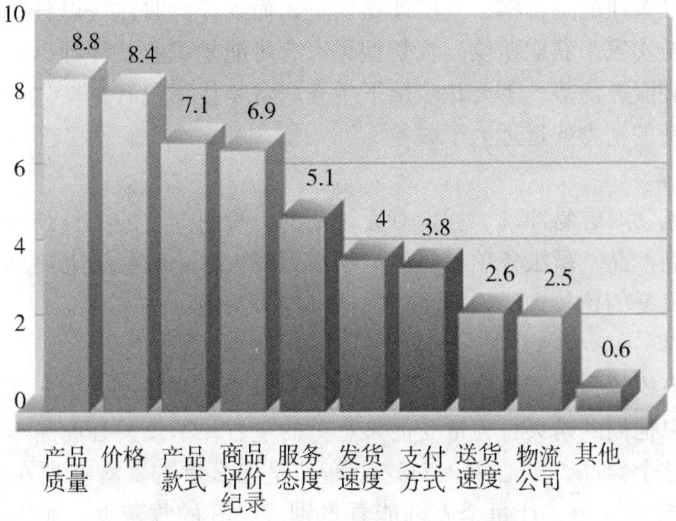

数据来源：问卷星 www. sojump. com

图 1－3

从图中可以看出，淘宝买家对网购商品主要关心的是质量、价格和款式等方面，淘宝店主要保持生意兴隆，必须在质量、价格和款式等顾客特别关心的方面上下功夫，严格把好商品质量关，提高商品评价，解决货物交换安全等方面问题。

二、淘宝买家行为分析

现在，越来越多的人喜欢在淘宝网上购物。想在淘宝上开店，了解买家的消费习惯及消费爱好十分重要。淘宝开店过程中，店主会碰到形形色色的客户，无论遇到什么类型的客户都要用心对待，因为每一个客户都可能是买家。

淘宝买家主要有三种：①首次购买者，没有明确的购买目的，抱着逛逛的态度；②经常网购者，有明确的购买目的但无固定的购物网站；③忠实的网购者，比较熟悉网购流程，并非常享受这种购物体验，一般有固定的购物网站。

淘宝买家主要分成以下几种类型：

1. 理智型买家

这类买家一般受教育程度比较高，买东西有原则、有规律，买东西前也比较理智，大多数会认真研究要买的东西，逐一对比哪一种最适合自己。理智型买家一般比较关心产品本身的优缺点，用旺旺与卖家进行沟通了解后才选择购买。理智型买家通常会本着对卖家负责的态度及时确认付款，会在评价里简短描述且给好评，理智型买家是大多数店主喜欢的买家。卖家需要做的是保证商品的质量。

2. 贪婪型买家

贪婪型买家挑剔、讲价狠，稍不满意就以差评要挟卖家。贪婪型买家抱着不相信卖家的态度，购买时最关注的是价格，其次才是质量；而到评价时往往以各种理由挑剔，或者以差评、中评威胁卖家来获取赔偿。贪婪型买家有可能是职业差评师，如果店铺本身没有绝对自信的质量和服务优势，不要让步接下生意。贪婪往往没有止境，一味地满足他们的要求，店铺所耗费的精力要远远大于收益。

3. 冲动型买家

冲动型买家购物时容易冲动，凭借着无计划的、瞬间产生的一种强烈的购买渴望，以直观感觉为主，新产品、新服务项目对他们吸引力较大，一般会买下接触到的第一件合适的商品，不愿做反复的比较选择，而是很快做出购买决定。

4. 舆论型买家

舆论型买家有比较强的“从众”心理，这类买家喜欢猜度别人的想法，在意周围人对商品的评价，所以他们的购买行为常受他人意见的左右，不仅关心商品本身，还关心有多少别的买家买了这个商品，关心别人对这个商品是怎么看的。淘宝现在在搜索时推出了“人气商品”“聚宝盆”等，让每个人都能看见别人公开的收藏夹；淘宝还提供了一个功能，可以看到别的买家在看某件商品的同时还看过什么商品；淘宝还有“超级买家秀”这个功能，很多有旺铺的店铺专门把“超级买家秀”作为一个页面展示出来，都是在增强买家的信心，同时也能起到很好的口碑相传的效果。

5. 谨小慎微型买家

随着网购的不断普及，每天都有很多新买家加入淘宝这个行列，这些新买家一般疑虑较多。另外，还有些顾客生来行动谨慎，挑选商品时动作缓慢，比较拿不定主意，还可能因犹豫而中断购买，甚至购买后还疑心上当受骗。店铺的界面做得友好，客服认真耐心地与买家沟通，中肯地介绍自己的产品，通过一些有力的证据向买家证明自己的实力，都可增强谨小慎微型买家的信心。

6. 习惯型买家

习惯型买家在第一次选择后，往往出于方便或对店铺的信任，会凭以往的习惯和经验购买，这种买家不容易受他人影响，而且一般很少和卖家沟通，交易的过程也十分迅速。习惯型买家的购买过程不需要等待，就更容易增加购买的黏性。卖家必须保持住自己店铺产品的特性、品质及良好的服务，经常了解客户购买和使用产品的情况，只有这样才能让买家习惯成自然，成为习惯型买家。

7. 感情型买家

感情型买家与卖家之间的交往以亲情、热情和共同爱好为纽带，买家认为与卖家之间的关系已经超越了交易本身，因为这类买家对个人感情看得极重，感情型买家流失率比较低。打造符合店铺自身特色的品牌文化和情感氛围，全身心投入谈话并且保持自己的个性，经常联络，或者在特殊日子送上小礼物，哪怕是一句真心的问候，都能使感情型买家成为店铺最忠实的客户。

8. 随意型买家

随意型买家有些缺乏购买经验，或者平时购物时没有主见，往往是随意购买或奉命购买。这类买家通常喜欢得到别人的指导，尤其是得到客服的帮助，也乐于听取客服的介绍和建议，他们对商品不会过多挑剔。淘宝网掌柜推荐、橱窗推荐、直通车竞价等功能更容易让这类买家看到。

任务2 网店经营商品选择及定价技巧

任务描述：

1. 选择网店销售的商品
2. 网店商品定价技巧

要在网上开店，就要有适合通过网络销售的商品，但并非所有适合网上销售的商品都适合个人开店销售，如数码产品，假如你不熟悉进货渠道，没有价格优势，网店经营就很难获得成功。那么问题就来了，网上开店卖什么最火？网上开店商品种类有哪些组合？开一家什么样的店，去哪儿进货是店家要面对的问题。

一、选择网店销售的商品

哪些商品适合网上销售？淘宝网曾经做过一个精确的统计，按照成交额排名，淘宝网上最热销的十大商品分别是：手机通信设备，化妆品，笔记本电脑，网络游戏虚拟商品，电脑硬件，数码相机，珠宝首饰，运动健身产品，手机充值卡、IP卡，汽车、摩托车配件。

1. 适合网络销售产品的特点

通过对网上出售产品的统计发现，适合网络销售的商品一般具备以下特点。

（1）体积较小。主要是方便运输，降低了运输成本。

（2）附加值较高。价值低于运费的单件商品是不适合网上销售的。

（3）具备独特性或时尚性。网店销售不错的商品往往都是独具特色或者是十分时尚的物品。

（4）价格优惠。如果实体店可以用相同的价格买到，就不会有人在网上购买。

（5）通过网站了解就可以激起消费者的购买欲。如果必须要亲自见到这件商品才可以达到购买所需要的信任度，那么它就不适合在网上销售。

（6）实体店没有，只有网上才能买到。如外贸订单产品或者直接从国外带回来的产品。

2. 网上开店不可以销售的产品

网上开店要注意遵守国家法律法规，不要销售以下商品。

（1）法律法规禁止或限制销售的商品，如武器弹药、管制刀具、文物、淫秽品、毒品。

（2）假冒伪劣商品。

（3）其他不适合网上销售的商品，如医疗器械、药品、股票、债券和抵押品、偷盗品、走私品或者以其他非法来源获得的物品。

（4）用户不具有所有权或支配权的物品。

3. 三大竞争策略帮助你选好产品

（1）差异化的竞争策略：物以稀为贵。

不能选择那些到处都能买得到的商品。既然到处都能买到，买家怎么还会网上买？再加上邮寄费，肯定没有价格优势了。即使能卖出去，也赚不了钱。要找那些少见的商品，那样自然有人花大价钱来买。例如，一些家乡的特产可以满足出门在外的老乡们的需求，这样也容易培养固定的客户群。

（2）成本领先策略：地区价格差异。

这一策略也就是利用地区价格差异来赚钱。许多商品在不同的地区价格差异很大，如电器类，广东等沿海城市要比内地城市便宜，而收藏品在古都城市（北京、西安、洛阳）又比沿海城市便宜。所以，要从自己的身边着眼，寻找身边特有而其他地方没有的商品，这样就能卖出好价钱。

（3）专业化的相对创新策略：做熟不做生。

尽量不要涉足不熟悉的领域。如果热爱手工、手绘等，不妨开个相关的 DIY 网店，特色网店到哪里都是受欢迎的；如果对摄影在行，喜欢数码类的产品，那么不管有没有实体店，都可以在这方面尝试一下。最好选择一次性购买验货后，无须或很少需要售后维修服务的商品，如工艺品、服装、图书等。

二、网店商品定价技巧

网店商品定价是一种艺术，网店商品怎么样定价才合理？定价高了，无人问津；定价低了，自己亏损，怎样才能把这种艺术发挥到极致？下面介绍四种网上成功卖家的定价策略。

1. 商品组合定价策略

把网店里相互关联的一组商品组合起来一起定价，而组合中的商品都是属于同一个商品大类别，每一大类别都有许多类群。比如男装，就是一个大类别，其可能有西装、衬衫、领带和袜子等几个品类群，我们可以把这些商品品类群组合在一起定价。这些品类群商品的成本差异以及顾客对这些商品的不同评价再加上竞争者的商品价格等一系列因素，决定这些商品的组合定价。商品组合定价可以细化分为以下两个方面：

（1）不同等级的同种商品构成的商品组合定价。

商品组合，可以根据这些不同等级的商品之间的成本差异，顾客对这些商品不同外观的评价以及竞争者的商品价格，来决定各个相关商品之间的价格。

（2）连带商品定价。

这类商品定价，要有意识地降低连带商品中购买次数少、顾客对其降价比较敏感的商品价格。提高连带商品中消耗较大、需要多次重复购买、顾客对其价格提高反应不太敏感的商品价格。

2. 系列商品定价策略

对于既可以单个购买，又能配套购买的系列商品，可实行成套购买价格优惠的做法。因为成套销售可以节省流通费用，而减价优惠又可以扩大销售，这样流通速度和资金周转大大加快，有利于提高网店的经济效益。很多成功的卖家都是采取这种定价法。

把同种商品，根据质量和外观上的差别，分成不同的等级，分别定价。

这种定价方法一般都是选其中一种商品作为标准品，其他分为低、中、高三档，再分别定价。对于低档商品，可以把它的价格逼近商品成本；对于高档商品，可使其价格较大幅度地超过商品成本。但一定要注意和顾客说清楚不同级别的商品质量是不同的。

3. 阶段性定价策略

阶段性定价就是要根据商品所处市场周期的不同阶段来定价。

（1）新上市商品定价。

这时由于商品刚刚投入市场，许多消费者还不熟悉这个商品，因此销量低，也没有竞争者。为了打开新商品的销路，在定价方面，可以根据不同的情况采用高价定价方法、渗透定价方法和中价定价方法。

对于一些市场寿命周期短，花色、款式翻新较快的时尚商品，一般可以采用高价定价方法。

对于一些有较大市场潜力的，能够从多销中获得利润的商品，可以采用渗透定价方法。这种方法是有意把新商品的价格定得很低，必要时甚至可以亏本出售，以多销达到渗透市场、迅速扩大市场占有率的目的。

一些经营较稳定的大卖家可以选择中价定价。这种办法是以价格稳定和预期销售额的稳定增长为目标，力求将价格定在一个适中的水平上。

（2）商品成长期定价。

商品进入成长期后，网店生产能力和销售能力不断提高，表现为销售量迅速增长，利润也随之大大增加。这时候的定价策略应该是选择合适的竞争条件，能保证网店实现目标利润或目标回报率的目标定价策略。

（3）商品成熟期定价。

商品进入成熟期后，市场需求已经日趋饱和，销售量也达到顶点，并有开始下降的趋势，表现在市场上就是竞争日趋尖锐激烈，仿制品和替代品日益增多，利润达到顶点。在这个阶段，一般采用将商品价格定得低于同类商品的策略，以排斥竞争者，维持销售额的稳定或进一步增大。

这时，正确掌握降价的依据和降价幅度是非常重要的。一般应该根据具体情况来慎重考虑。如果商品有明显的特色，有一批忠实的顾客，这时就可以维持原价；如果商品没有什么特色，就要用降价的方法保持竞争力了。

（4）商品衰退期定价。

在商品衰退期，商品的市场需求和销售量开始大幅度下降，市场已发现了新的替代品，利润也日益缩减。这个时期常采用的有维持价格方法和驱逐价格方法。

如果希望处于衰退期的商品继续在顾客心中留下好的印象，或是希望能继续获得利润，就要选择维持价格。维持性定价策略能否成功，关键要看新的替代品的供给状况。如果新的替代品满足不了需求，那么还可以维持一定的市场；如果新的替代品供应充足，那么顾客肯定会转向替代品，这样一定会加快老商品退出市场的速度，这时即使想维持，市场也不会买账了。

对于一些非必需的奢侈品，它们虽然已经处于衰退期，但它的需求弹性大，这时可以把价格降低到无利可图的水平，将其他竞争者驱逐出市场，尽量扩大商品的市场占有率，以保证销量、回收投资。

4. 薄利多销和折扣定价策略

网上顾客一般都在各个购物网站比较过同样商品的价格，所以价格是否便宜是顾客下单的重要因素。怎样定出既有利可图，又有竞争力的价格呢?

（1）薄利多销定价。

对于一些社会需求量大、资源有保证的商品，适合采用薄利多销的定价方法。这时要有意识地压低单位利润水平，以相对低廉的价格，提高市场占有率，争取长时间内实现利润目标。

（2）数量折扣定价。

数量折扣是对购买商品数量达到一定数额的顾客给予折扣，购买的数量越多，折扣也就越多。采用数量折扣定价可以降低产品的单位成本，加速资金周转。

数量折扣有累积数量折扣和一次性数量折扣两种形式。累积数量折扣是指在一定时期内购买的累计总额达到一定数量时，按总量给予的一定折扣，如我们常说的会员价格；一次性数量折扣是指按一次购买数量的多少而给予的折扣。

（3）心理性折扣定价。

当某类商品的牌子、性能、寿命不为顾客所了解，商品市场接受程度较低的时候，或者商品库存增加、销路又不太好的时候，采用心理性折扣，一般都会收到较好的效果。因为消费者都有喜欢折扣价、优惠价和处理价的心理，你只要采取降价促销手段，这些商品就有可能在众多的商品中脱颖而出，吸引消费者的眼球，从而大大提高成交的机会。当然这种心理性折扣，只有制定合理的折扣率，才能达到销售的目的。

（4）用“黄金定价法则”给商品定价。

操作步骤：

①启动 IE（Internet Explorer），在 IE 窗口的地址栏上输入网址 http：//www. taobao. com，打开淘宝网首页。

②在淘宝网首页的搜索文本框下方，输入关键词“运动鞋”，开始搜索，如图 1－4 所示：

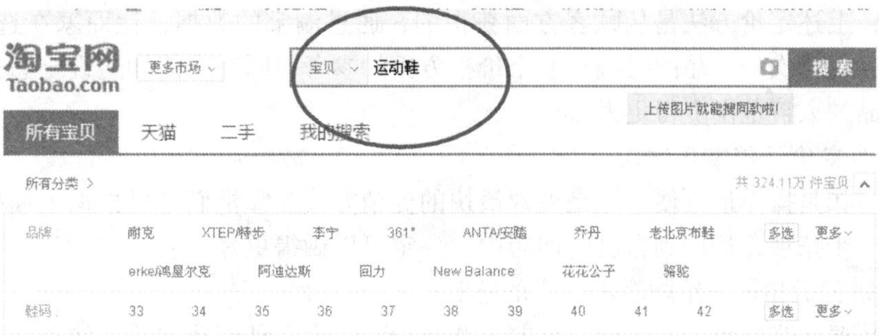

图 1－4

③在搜索结果页面中，淘宝运用网站数据，把所有运动鞋的价格区间按顾客的喜欢程度分为五个等级，用柱状图表示出来，如图 1－5 所示：

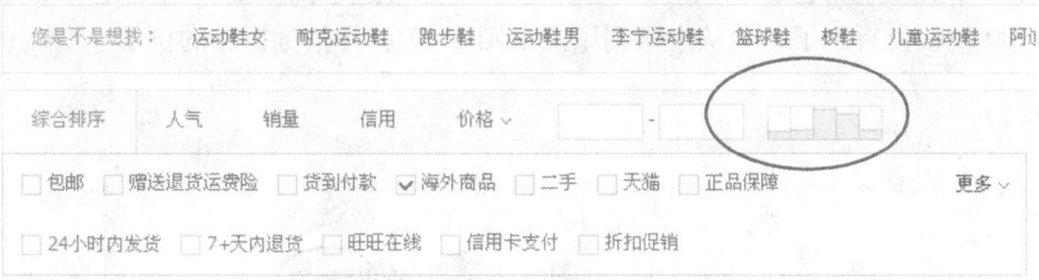

图 1－5

④用鼠标指针指向柱状图的某一个柱子，此时灰色的柱子变为黄色，相应地就会有此价格区间的最高价和最低价出现在柱状图左侧的方框中，如图 1－6 所示：

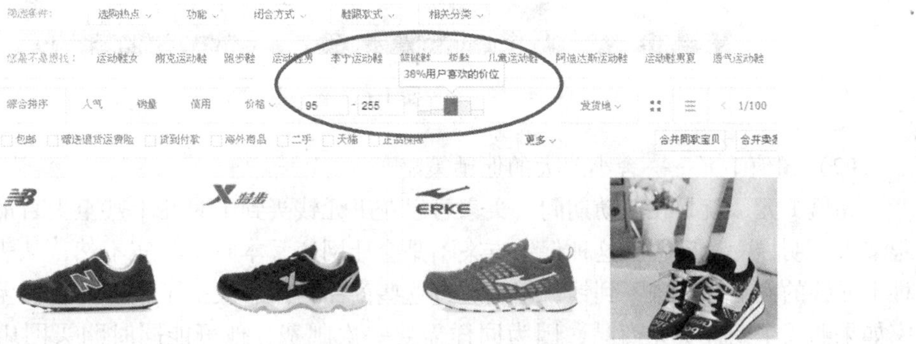

图 1－6

⑤确定宝贝是属于哪个价格区间。假设宝贝应该属于上图显示的区间，那么就可以用黄金定价法则来确定具体的价格了。公式是：

最低价＋（最高价－最低价）× 0.618 ＝具体价格

即：95 ＋（255－95）×0.618 ＝ 193.88

注意，上述定价方法是从顾客方面获得的，通过淘宝的数据，让商家在选款的时候，在选择进什么档次的产品的时候有一个价格方面的参考，同时也能知道设定怎样的价格能让注意产品的人群范围变得更大。

5. 网店定价促销常用方式

价格折扣是操作最方便，也是见效最快的促销方式。掌柜们可以根据上面提到的一些思路，进一步拓展，运用到自己的网店中，一定可以做得更好。

（1）错觉折扣——给顾客不一样的感觉。

人们普遍认为打折的东西质量会差一些，而我们换一种叙述方式：注重强调商品的原价值，让买家觉得花了更少的钱，买到了更超值的商品，效果往往大不相同。

举例说明：比如“花 100 元，换购价值 130 元商品”和“全场 7.7 折，99 元任选”这两种描述，实际上都是价格上的让利，但是给买家的感觉是完全不一样的，如果把 130 元的宝贝打 7.7 折后 100 元销售，那买家就会觉得这个宝贝就值 100 块。但是如果把方案改成“花 100 元换购价值 130 元商品”，买家就会觉得这个商品的价值还是 130 元，而他只要花 100 块钱就得到了，他从中赚到了。如图 1－7 就是错觉折扣的例子。

图 1－7

（2）超值 1 元——舍小取大的促销策略。

超值 1 元，就是在活动期间，买家可以花 1 元钱买到平时几十甚至上百的商品。或许很多人不明白一个问题：这种促销方案不是会让网店亏本吗？其实不然，从表面上看，这种 1 元钱的商品确实赚不到钱，但是通过这些商品，网店吸引了很多的客流量，而一个买家如果购买了一件 1 元商品，因为同样需要一次邮费，他可能同时购买网店里的其他商品；而那些进到网店里来却没有购买 1 元商品的买家，也可能被其他商品吸引，从而购买店里的其他商品。

图1－8

（3）临界价格——顾客的视觉错误。

所谓临界价格，就是在视觉上和感性认识上让人有第一错觉的价格，比如，以100元为界线，那么临界价格可以设置为99.99元或99.9元，这种临界价格最重要的作用是给买家一个视觉错误，这个商品并没有上百，只不过是几十块而已。尽管这个促销策略已经被超市、商场运用得泛滥了，但是也说明了这个方法屡试不爽，我们在实际的操作中，还是可以拿来使用的。

图1－9

（4）阶梯价格——让顾客自动着急。

所谓阶梯价格，就是商品的价格随着时间的推移出现阶梯式的变化。比如：新品上架第一天按5折销售，第二天6折，第三天7折，第四天8折，第五天9折，第六天原价销售。这样给顾客造成一种时间上的紧迫感，越早买越划算，减少买家的犹豫时间，促使他们冲动购物。当然阶梯的方式有很多，店家可以根据自己的实际情况来设定。宗旨就是既吸引客户又不让店里亏本。

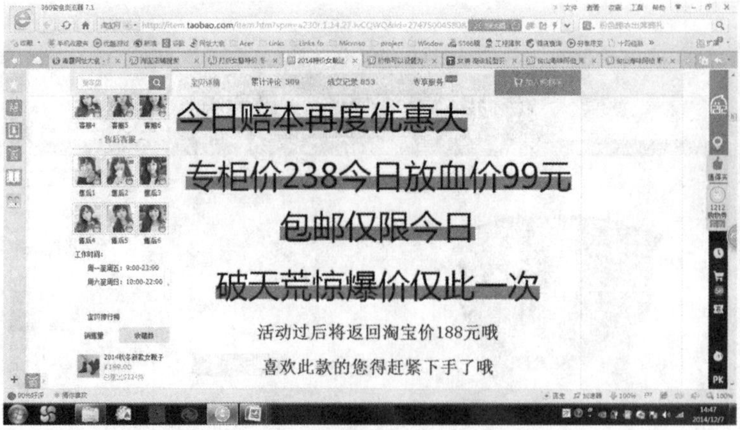

图 1－10

（5）降价加打折——给顾客双重实惠。

降价加打折实际上就是对一件商品既降价，又打折，双重实惠叠加。相比纯粹的打折或者是纯粹的降价，它多了一道弯，但是不要小看这道弯，它对顾客的吸引力是巨大的。第一，对于顾客来说，一次性打折的方案和降价加打折比起来，他们毫无疑问地会认为后者更便宜。这种心理使得顾客丧失原有的判断力，被促销所吸引。第二，对于网店来说，提高了促销的机动性，降低了因促销而付出的代价。以 100 元商品为例，如果直接打 6 折，一件商品就会损失 40 元的利润。但是如果我们先把 100 元的商品降价 10 元，再打 8 折，那么一件商品损失的利润是 28 元。但是买家还是感觉后者比较实惠。

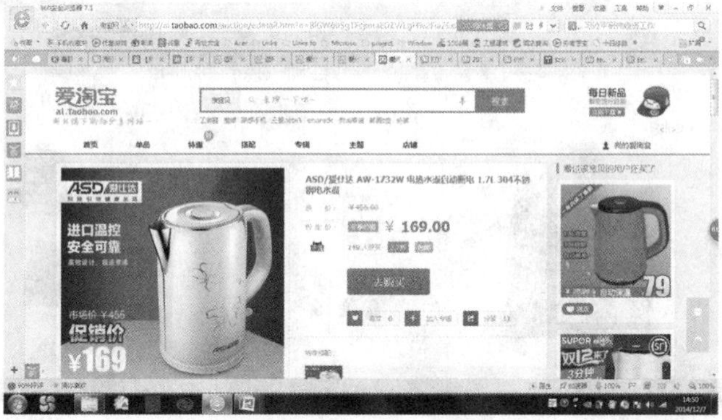

图 1－11

（6）“一刻千金”促销定价。

“一刻千金”的促销方案就是让买家在规定的时间内自由抢购商品，并以超低价进行销售。比如每天早上 9 点到 9 点半拍下的宝贝，可以以 5 元的价格成交。这种促销可以给网店带来人气的急剧提升和很多的潜在买家，虽然 30 分钟的挑选时间对顾客而言较仓促，但 30 分钟之后，顾客还有可能在你的淘宝店挑选别的商品，有可能那些抢下 5 元特价的买家觉得占到了大便宜，成为店铺的回头客。

图 1－12

任务 3　网店定位及起名

任务描述：

给淘宝网店取名

当今网店生意的竞争越来越激烈，店家都在按流行趋势营造自己的特色。有的以环境取胜，有的以装饰设计风格取胜，有的靠物美价廉取胜，聪明的店家会起个好的网店名让人耳目一新。其实，若想在此占据一席之地，得靠商品的质量和优质服务来取胜。但网店名是顾客对网店的第一印象，十分重要，网店名大多是人们绞尽脑汁、字斟句酌后想出来的，因为商业用名是否妥当，直接关系到商家的生意和形象。作为商家，不论资本大小，都对其名号极为重视。网店用名是一种商业活动，因此网店用名要遵循商业原则，根据自身网店经营的项目、商品、消费对象等情况来取名。因地制宜，因商品而异，是商业用名的主要特点。下面着重讲解网店命名的常用规则。

1. 网店名与经营商品相吻合

取隐含出售商品种类的网店名（店铺名）。这样命名的好处是买家一看店铺名称，就知道出售的是什么种类的商品。如“光明眼镜店”“怡神茶店”“康乐药店”“台山海味阿伯”“淑儿苑女装”“好宝贝童装”“浪漫一身巧克力之家”“唯美新娘喜铺”等。

图 1－13

2. 店名要新颖，不落俗套

新颖的店名才能迅速抓住消费者的眼球。网店命名新颖，就能引起消费者的兴趣，吸引他们光顾商店，如“一口鲜”“大三元”“狗不理”之类店名，都能使消费者产生兴趣和好奇心。

图 1－14

3. 店名应简洁、易读易记

店名应简洁、易读易记，通俗易懂且读起来要响亮畅达，朗朗上口，店名中尽量不要有生僻繁杂的字，有些店主在起名时，一味追求独特，在店铺名中加入生僻繁杂的字，这样的名字对店铺没有好处，顾客不认识也读不出音来，他们为避免出现这种情况，一般不进这类难识其名的商店大门。而像“衣心衣意”“半分利”“合口味”等店名，则明白简洁，易于传播。

图 1－15

4. 店铺名称大吉大利

这符合中国人的传统观点。不管是传统行业还是网络店铺，都希望自己的店铺名称包含吉祥如意的意思。如有名的“周大福”首饰，“大福”二字不乏传递福气的意愿。

图 1－16

5. 店铺名隐含店主的名字和出售的商品种类

现在很多新卖家在开店时都选择这种方法，如“欢欢家私”“程小年服饰”“小琴电脑之家”等。

图 1－17

一个好的网店名字要综合许多因素加以全面考虑，在经过冥思苦想后往往有一种妙手偶得之的感觉。其实越简单越好，客户可以一目了然。

任务 4　经营者的基本能力

任务描述：

开网店需要具备的能力和素质

如今，网络已经不是新兴的事物，网民的数量与日俱增，电子商务正在蓬勃发展，网上开店的从业者数量飞速增长，竞争也显得越发激烈。虽然网上销售是一种门槛很低的创业渠道，但是它并不是适合所有人，需要具备一定的能力和素质，才能胜任这个看似轻松而实际不轻松的工作。

开网店需要具备哪些方面的能力和素质？

1. 计算机技术的熟练操作能力

网店经营者最基本的能力要求就是会上网，会使用 QQ、微信等聊天工具以及电子邮箱，有网购的经验，此外，最好还能熟练掌握 Photoshop、店铺装修、搜索优化等与实际运营相关的应用办公软件，还要学会排版和图片的设计，以便及时地更新和整理。

2. 良好的沟通交流能力，口头和文字语言表达能力

网店虽然不用面对面地与顾客进行沟通，但要与供货方打好交道，要对商品进行描述发布，要维护和发展客户，还有网店的推广等，这都需要良好的沟通交流能力、口头和文字语言表达能力。

3. “处变不惊”的应对能力

因为店主每天要与客户、供应商、物流配送人员等各式各样的人打交道，有些会带来一定的挑战，如供应商来找麻烦，或者碰到一些恶性投诉，这就需要一定的应变能力才能

妥善解决这些问题。

4. 销售客户数据的收集、分析与维护能力

俗话说：巧妇难为无米之炊。客户资料就是销售人员的米。通过客户资料的收集、整理和管理，就能选择与确定目标客户。怎样才能留住店铺成交的老客户，让其进行二次消费乃至多次消费是店铺能否长久发展的一个衡量标准。

如今是数据时代，只有学会分析各项数据才能了解淘宝市场行情，随时把握市场的变化，据此调整自己经营的商品与经营方式，才能解决网店生存和发展的问题。

5. 团队协助的能力

一个淘宝店铺在前期策划→寻找货源→店铺实施→学习经验→宣传推广→客户咨询→最终成交→售后服务的一系列环节中，都需要采购部、拍照美工部、客服部、跟单部、数据部、财务部和仓储部等部门参与，每个部门都很重要，需要相互配合才能带来良好的效益。

一个人若想成功，要么组建一个团队，要么加入一个团队。在这个瞬息万变的世界里，单打独斗，路就越走越窄，选择志同道合的伙伴，就是选择了成功。一个人是谁并不重要，重要的是他站在那里的时候，在他身后站着的是一群什么样的人。

6. 具备一定的营销知识和能力

公司（企业）只有营销才能实现利润，其他的都是成本。网络营销职能的实现需要通过一种或多种网络营销手段，常用的网络营销方法除了搜索引擎注册之外，还有关键词搜索、网络广告、TMTW 来电付费广告、交换链接、信息发布、整合营销、邮件列表、许可 E－mail 营销、个性化营销、软文推广、博客营销、微信营销、会员制营销、病毒性营销等。

7. 抗挫折、抗打击的能力

做淘宝网店，要坐在电脑前一动不动几个小时，大脑始终保持飞速运转状态，要同时和几个，甚至十几个人聊天，要记住每个人要的是什么，刚才咨询过什么。不仅如此，还要在闲暇时间逛论坛，发帖子，找客户，不管多么累，多么困，只要一有叮咚声，就得马上坐在电脑旁，不能发牢骚，不能因为客户打扰休息就把不良情绪带给客户，更不能与客户吵架；要有精力，能为了找货源一逛一天，不能停，还要整理货物，记笔记，打包装，更重要的是要有足够的耐心去对待那些购买了你的物品却不满意的客户，要始终保持足够的耐心和足够温柔的语气，更重要的是对待问题快递，要不厌其烦地一遍遍打电话催，还要忍受客户的唠叨，且不能表现出不耐烦和坏脾气，还要经常承受客户的拒绝。所有这些都需要有较强的抵抗挫折和抗打击的能力。

8. 要有超强的记忆力

店家要能记得所有货物的情况，是否缺货，什么名称，什么价格，什么功能……确保客户问的一瞬间脑海里有货物的印象，不能客户问半天，还搞不懂是哪一个，这样会被认为是不专业（要是货物实在太多，可以考虑买个网店版，这样就能记得所有的货物和销售的情况了）。另外还要大概记得每个客户的情况，下次他再来的时候就能知道他买过什么，聊过什么。要是能一下子说出他聊过什么，他能不在这买东西吗？这就叫亲近感，如果记不住，旺旺上有个聊天记录，可以先把买家加成好友，然后一看到好友来咨询，就先看看

上次的聊天记录，这样就可以知己知彼，百战百胜了。

9. 要有不断学习进步的能力

虽然很多有成就的人没有受过太多的教育，但并不等于不用学习也可以成功。你学到的知识、技能和方法，就是你拥有的武器。人可以白手起家，但不可以手无寸铁。这个社会一直在淘汰没有学历的人，但不会淘汰有学习能力并愿意改变的人。如今的企业家，赢在学习，胜在改变。古人云：富不学富不长，穷不学穷不尽。比尔·盖茨和巴菲特说他们的成功来自于终生学习，学习顶尖方法和策略，才是成功的关键。方法不对，努力白费，只有掌握正确的方法和策略，才能成为赢家。当很多人还在想租个门面做个小生意时，光棍节一天中国互联网上就创造了天价成交额。要想改变口袋，先要改变脑袋！不要说停止学习，就是慢一点都有可能被淘汰出局。

任务5　经营者的良好心态

任务描述：

了解网店经营者所需的良好心态

什么是心态？心态就是一个人的心理状态。心态可以决定一个人的事业成败，积极向上的心态，可以催人奋进，不畏艰险，直达光辉的顶点；消极悲观的心态是一种严重的心理疾病，它会使人意志消沉，丧失勇气，排斥财富、成功、快乐和健康，最终使人与机缘擦肩而过。所以心态乐观者，常常处变不惊，虽成功，但不狂妄，即使失败，也不气馁。

图 1－18

网店经营者要有良好的心态，因为一个健全良好的心态，比一百个智慧都更有力量。

一、拥有积极的创业心态才能一路成长

创业之初什么最重要？那就是心态，好的心态就是一股强大的正能量，让你始终屹立不倒，笑到最后，让你拨云见日，看到光明；反之则会让你一击即溃，难以长久，更谈何发展。所以保持以下五种心态尤为重要。

1. 树立坚持不懈的心态

世间有一种人是难以战胜的，那就是永不向失败低头，永不向困难屈服的人。作为中小卖家，所遇到的困难远不止是资金不足、流量不多、订单偏少这样的一般性问题，更重要的是经验缺失，方法失当，导致方向不明，处处碰壁。但凡成长期中的中小卖家，这样的困难是逃不掉的，就像《西游记》当中，欲取得真经必须经历“九九八十一难”。因此，决不妄自菲薄，永远不要说自己不行，要遇挫不馁，越挫越勇。请记住一句话：“只要你不想倒下，谁也拿你没办法。”

2. 树立务实勤奋的心态

谁都希望自己的店铺做得风生水起，然而事实却是“理想很丰满，现实很骨感”。有的店家就按捺不住了，寻找所谓的捷径；有的盲目引流，由于渠道不正规，引来的却是毫无价值的流量；有的四处推广，投资进去却如泥牛入海。即使一时见效，但是淘宝的搜索引擎也会慧眼识珠，最终仍是无益。所谓的捷径，就是绝境，会将自己逼上死路。还是要相信那句话，“合抱之木，生于毫末；九层之台，起于累土；千里之行，始于足下”。没有量的积累就难有质的飞跃，一家网店也是如此，只有扎扎实实打好基础，老老实实练好内功，才有望筑起事业的大厦。早几年的时候，网上淘宝店少，注册会员也才几万，如今，早已突破700万，其中集市店铺就占了600多万，虽然全国有6亿网民，每天有上亿的流量，但是如果不够勤奋的话，那只能看着流量和订单花落别家了。因此，不管做什么，要有一颗肯吃苦、勤耕耘、务实的心，“菜鸟”才会变成“老鸟”，小卖家终究会成长为大掌柜。

3. 树立不断学习与创新的心态

21世纪是一个求新、求变的时代，创新永无止境，这世界只有你想不到，没有你做不到。在同质化日趋激烈的电商竞争中，要想成为一个有前途的店主，就要不断地学习，不断地超越自我。曾在网上看到一款杯子卖得很火，店主在推销上就想了很好的点子，她们为此演绎了一个很美的爱情故事，并且将杯子制作成漂流瓶，写上美好的祝愿，这样就成了情侣们的最爱。所以说，只有不断学习创新，才能让我们获得更多的资源和机会。

4. 树立诚实守信、勇于承担责任的心态

诚实是商人应该笃行的准则。对于诚信的问题，坚持一时容易，始终坚持并成为人生信念，则需要修养和境界。作为一个电商人，应该有这份担当，奉行“宁让利润打折，不让诚信打折”的信条，信誉并不是看你是钻石卖家，还是皇冠卖家，关键看你是不是重信重诺，视诚信为店铺生命，即使现在只有几颗心，只要坚守诚信红线，将来也能创造属于自己的奇迹。

5. 树立把客户当朋友的心态

站在客户的角度考虑问题，把客户当朋友，让客户觉得你是在帮他们，这不仅能让客户感觉到自己受重视，也会对销售人员产生信赖感。先交朋友，再谈卖货，他接受你了也就接受你的产品和服务了。长时间地保持这种信赖关系，会最大限度地发掘客户的终身价值。即使一时做不成生意，多个朋友也就多一条路。这是每一个渴望成功的销售人员应该养成的工作习惯和工作方式，也是所有营销人员必须学会的一套新思维。

二、在实践与磨砺中培养网店经营者良好的创业心态

心态很重要，良好的心态是成功人士的重要标志。那么怎么培养良好的心态呢？有没有什么好的方法呢？

1. 积极的心理暗示

积极的心态对于网店创业者至关重要，它可以激发潜能、催生斗志，增加勇气。很多成功的创业者，在谈到自己的创业经的时候，谈得最多的就是，顺境的时候告诉自己会做得更好，逆境的时候告诉自己“我一定行”，这就是一种积极的心理暗示，从小事入手，成功是培养自信的最佳途径。小事做成了，心中就会有成就感，积累得多了，自信心也就多了。每天照照镜子对自己竖起大拇指，告诉自己，你是最棒的！有了积极的心理暗示，心理素质就会不断得到强化，信心就会不断得到巩固。

2. 心中始终装着目标

一个人如果没有明确的目标以及达到这些目标的明确计划，不管他如何努力工作，都像是一艘失去方向舵的轮船。如果一个人并未在心中确定他所希望的明确目标，那么，他又怎能知道他已经获得了成功呢？过去有一句很火的广告语叫“心有多大，舞台就有多大”，也就是说心中装着多大的目标，就会产生多大的能量并为实现这一目标聚集。目标是我们前进的指路明灯，有了它，我们的方向不会迷失，我们的步调不会混乱，有了目标，我们会藐视困难，战胜自己。作为一个网店经营者，要经常想想自己的目标，重温开店之初立下的誓言，这样就会明确“我要的是什么，而不是我想的是什么”，在苦了、累了甚至伤了的时候，也会笑着倾听内心坚定自信的声音。

3. 要勤于实践，敢于实践

有一句话叫“站在岸上永远学不会游泳”。因为想学会游泳，必须亲自熟悉水性，只有反复揣摩动作要领，才能由必然王国过渡到自由王国。网上有介绍一位 80 后妹妹 300 天做成两皇冠的故事，其中很重要的一条经验就是“把中差评当成机会”。这个机会就是磨炼自己的机会。谁也不是生下来就会做生意，要想成为一个成熟的、优秀的店主，就是要树立经验从实践中积累、能力从磨砺中提高的意识，把一切可能的机会都利用起来锻炼提升自己，不怕遇到最挑剔的顾客，不怕碰到难以处置的局面，当把麻烦事处理得驾轻就熟的时候，离成功就不远了。

4. 高效的执行力

心动不如行动。成功的淘宝店主，必须是优秀的“行动派”，要创业、要成功就要让头脑和脚下两个“风火轮”都高速运转起来。如果想好的不做，再美的蓝图也只能停留在纸上。

项目小结

对于一个刚打算开网店的新手而言，开店前要做什么准备工作，总有些迷茫。这个项目介绍了开店前必须了解的市场调查、进货渠道、商品选择定价、商铺定位及起名、经营者的个人能力和心态调适等内容。学习了本项目，开店新手们应该心里有些底气了。

【思考与训练】

1. 简答题。

（1）按买家类型分类，淘宝的消费人群分为哪几类？

（2）适合网络销售的商品一般具备哪些特点？

（3）淘宝网店命名应主要有哪些规则？

（4）网店定价促销有哪些常用方式？

（5）开网店需要具备哪些方面的能力和素质？

2. 假定你计划开销售如下商品的淘宝店，请给店铺取名。

（1）销售服装____

（2）销售法国红酒____

（3）销售皮包____

（4）销售运动器材____

（5）销售眼镜____

（6）销售茶叶____

3. 登录淘宝网（http：//www. taobao. com），搜索T恤、连衣裙、眼镜三类商品，选择这些商品最受欢迎的价格区间，并用黄金定价法则算出参考价位。

商品名称	最受欢迎的价格区间值（最小值、最大值）	用黄金定价法则算出的参考价位	选款建议
T恤			
连衣裙			
眼镜			

项目二　淘宝开店

【学习目标】

1. 熟悉淘宝的经营规则、开店流程
2. 掌握商品拍摄美化的相关知识
3. 掌握编写商品标题、拟写完整商品说明的技巧并学会发布商品
4. 掌握网店装修的相关知识

【学习任务】

1. 开通支付宝、网店注册实训任务
2. 商品拍摄、美化实训任务
3. 编写商品标题、详情实训任务
4. 完成发布商品实训任务
5. 制作店招、图文公告、商品分类、制作模板等装修实训任务

【总课时】

30 课时

任务 1　网店注册

任务描述：

1. 开通淘宝、支付宝账户
2. 成功创建店铺

一、淘宝注册开店步骤

1. 第一步：注册淘宝账户（略）

2. 第二步：支付宝账户绑定

如未注册支付宝账户，请先登录 https：//www. alipay. com 进行注册。

如已绑定了支付宝账户，请直接进入“支付宝实名认证”。

（1）未绑定支付宝账户，在支付宝账户注册激活后，登录已注册并激活的淘宝账号，

点击淘宝网首页导航条右上方的“卖家中心”或直接点击“免费开店”，如图 2－1 所示。

图 2－1

（2）如果是点击“卖家中心”的，进入页面后，可点击左侧导航条的“我要开店”或右侧导航条的“马上开店”，如图 2－2 所示。

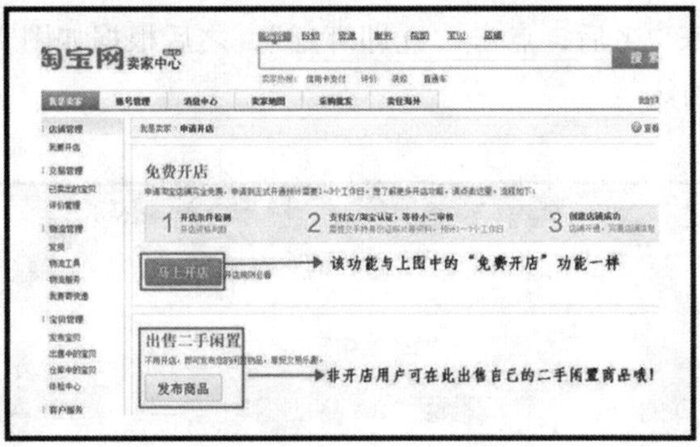

图 2－2

（3）如果是在首页直接点击“免费开店”，进入申请页面后系统会检测申请者是否满足开店条件，如满足条件，则可继续申请。选择开店的类型，如果是个人用户开店（指非公司性质的开店用户），在淘宝账户未绑定支付宝账户时，系统会提示需要绑定支付宝账户，如图 2－3 所示，需点击“立即绑定”。

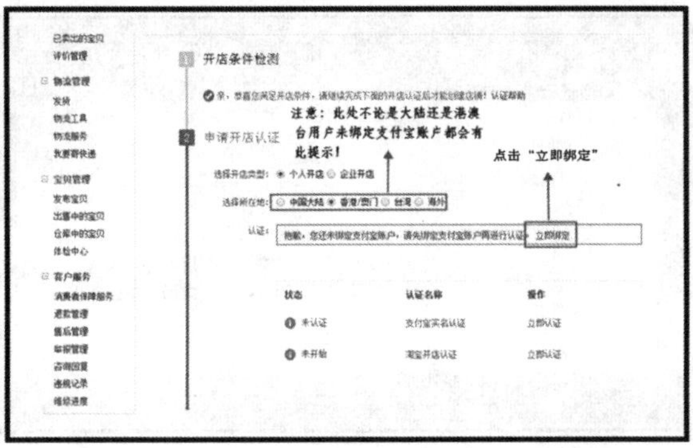

图 2－3

（4）未绑定支付宝账户的状态下，点击“绑定”后，页面会跳转至支付宝绑定设置页面。此时，可以将注册好的支付宝账户进行绑定，如图2－4提示操作。

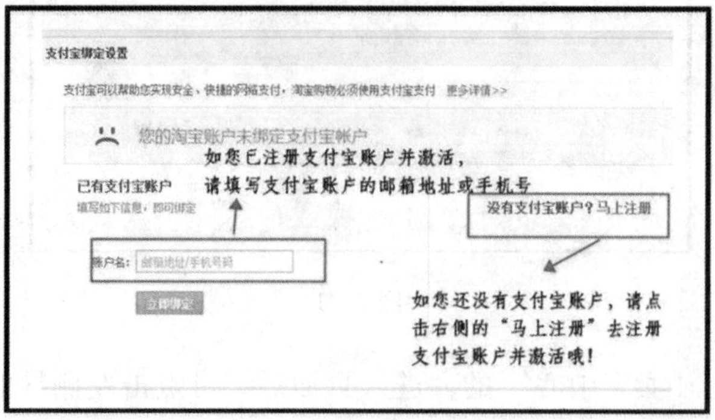

图2－4

（5）输入支付宝账户名后，点击“立即绑定”，之后根据如图2－5提示，输入支付宝登录密码后点击“确认”。

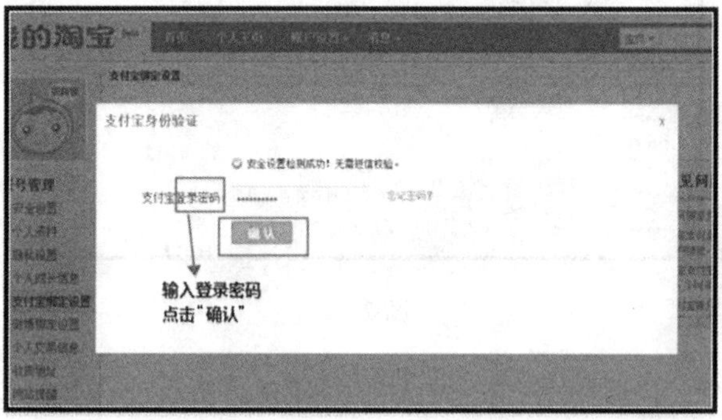

图2－5

（6）确认后，支付宝账户就绑定成功了。

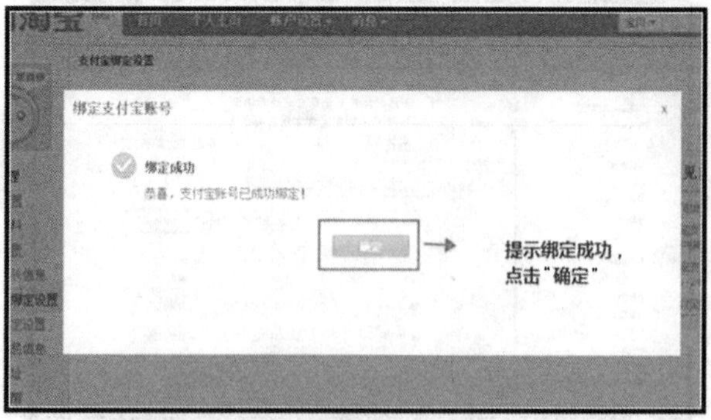

图2－6

（7）绑定成功后，需要继续进行开店的一系列操作，请返回“卖家中心”淘宝开店页面，在页面浮出的窗口中点击“已完成绑定”。

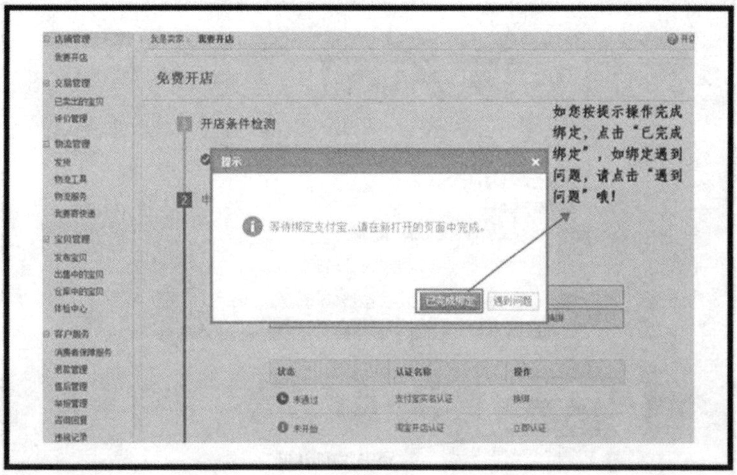

图 2－7

3. 第三步：支付宝实名认证

当支付宝账户绑定成功，并重新点击“卖家中心”返回淘宝开店的页面后，开店条件项的信息展示中的支付宝账户项会显示“已绑定”，此时，支付宝账户已实名认证过的，可直接进行淘宝认证。

（1）未进行过支付宝实名认证的，需继续支付宝认证的操作，如图 2－8 所示。

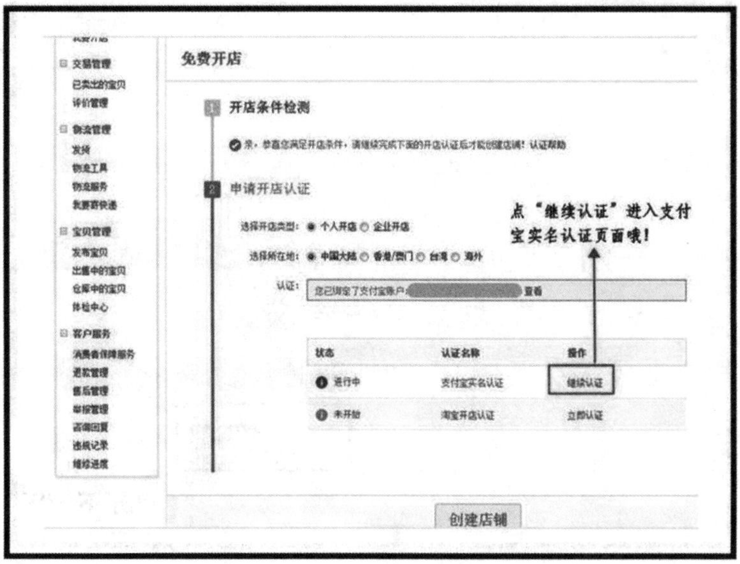

图 2－8

（2）在“支付宝实名认证”的条件项，点击“继续认证”后，会进入支付宝实名认证页面，如按图 2－9 提示，点击“立即认证”。

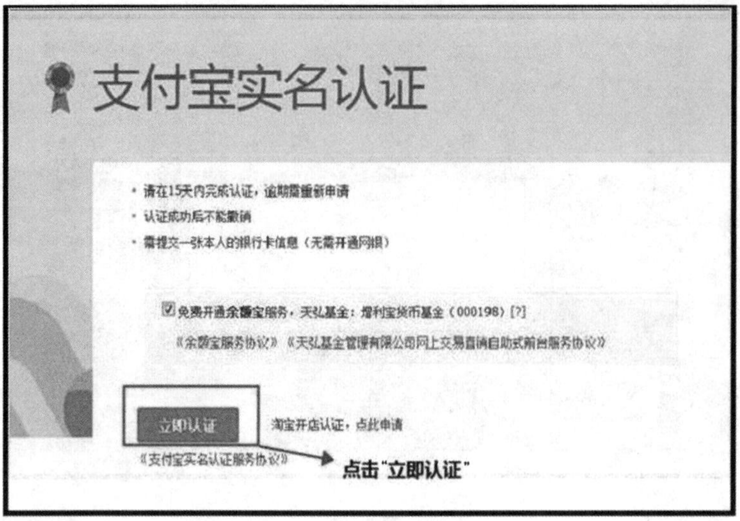

图 2－9

（3）点击“立即认证”后，如图 2－10 提示，点击“下一步”。

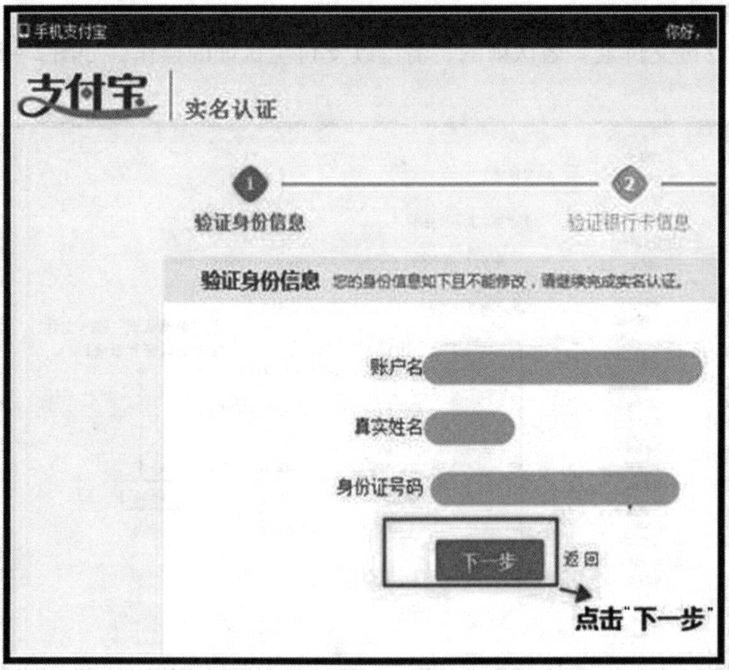

图 2－10

（4）出现以下页面，需填写与支付宝账户注册时相同身份证开户的，并可正常使用的银行卡信息，如图 2－11 提示。

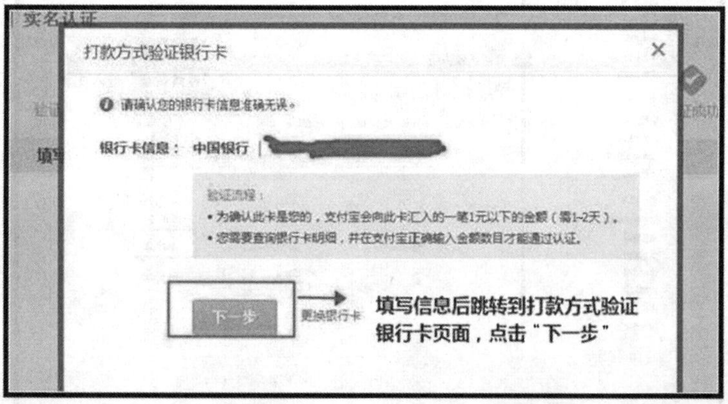

图 2－11

（5）仔细阅读跳转页面上的信息，并在等待银行打款的过程中先返回淘宝开店页面，同步做淘宝开店认证，如图 2－12 所示。

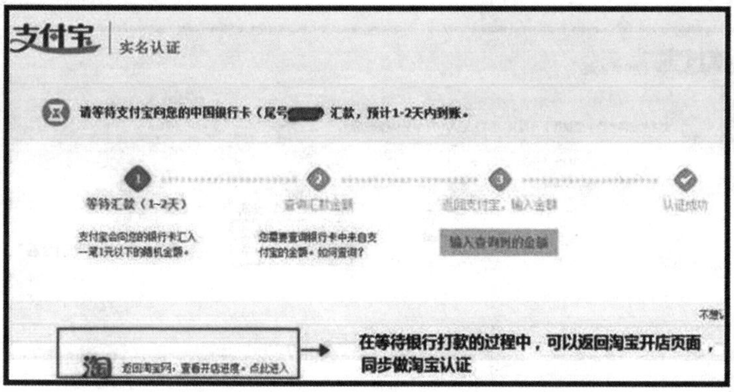

图 2－12

（6）进行中的支付宝实名认证如需继续完成，在支付宝向银行卡打款的 1～2 天之后进入淘宝开店页面继续支付宝实名认证的操作，如图 2－13 所示。

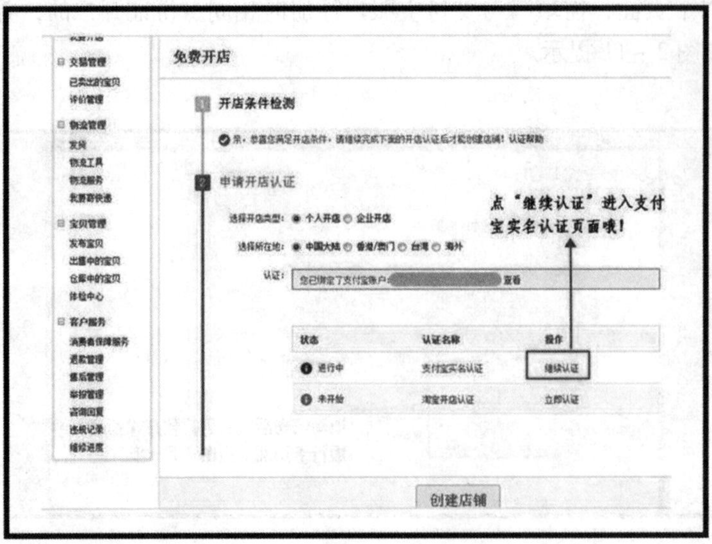

图 2－13

（7）点击“继续认证”后，进入支付宝银行卡打款信息页面，点击上图“输入查询到的金额”后，进入实际输入金额页面

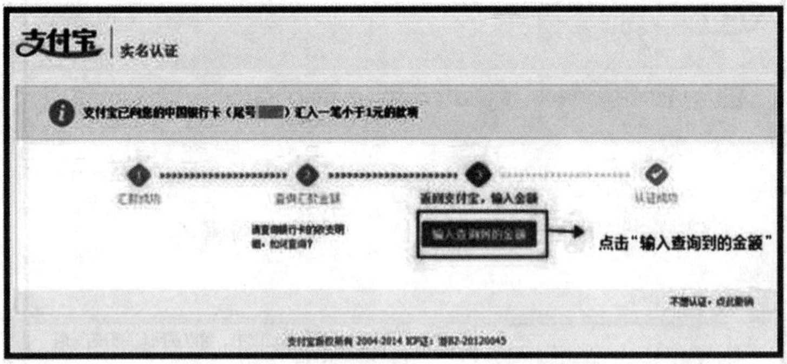

图 2－14

（8）将银行卡中查询到的支付宝打款金额准确输入图 2－15 所示的信息项。将金额输入后，点击“确定”。

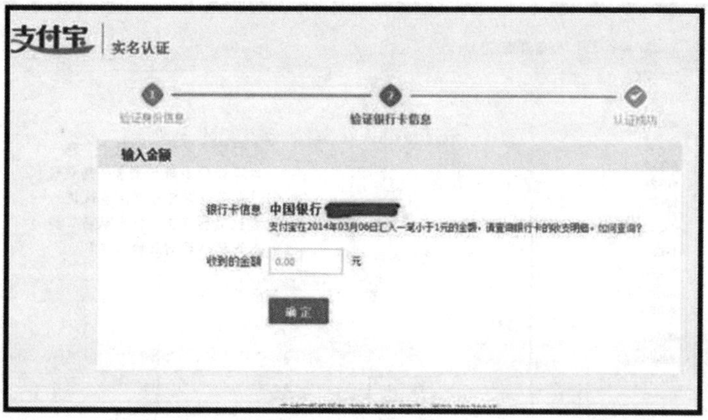

图 2－15

（9）输入正确金额后，系统确认完成，支付宝实名认证也即完成，关掉页面后，继续返回淘宝卖家中心免费开店页面。

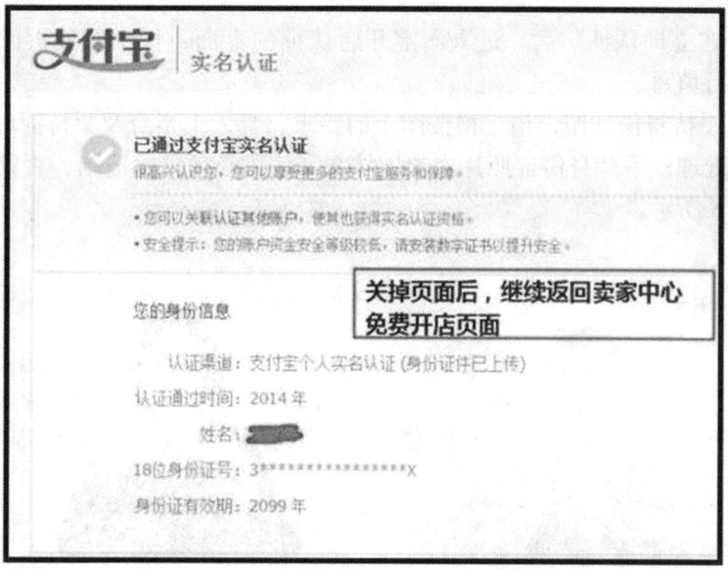

图 2－16

4. 第四步：淘宝开店认证

（1）在支付宝实名认证操作之后，点击返回淘宝开店页面，此时，可以同时进行淘宝开店认证的操作，如图 2－17 所示。

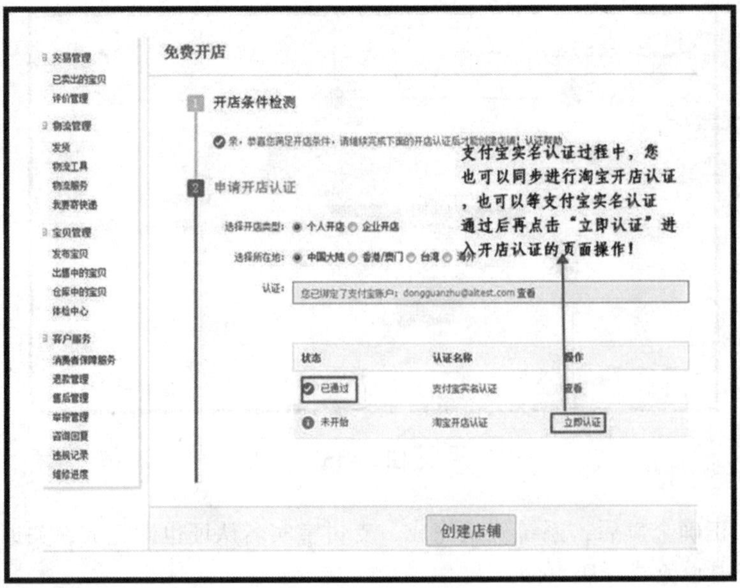

图 2－17

（2）点击“立即认证”后，进入淘宝开店认证的页面，仔细阅读页面提示信息，并按提示信息进行填写。

（3）真人手持身份证照，请严格按图示的要求，真人上半身及手持证件正反面信息均需清晰、未经处理；手持身份证照片内的证件文字信息必须完整清晰，否则认证将不能通过，如图 2－18 所示。

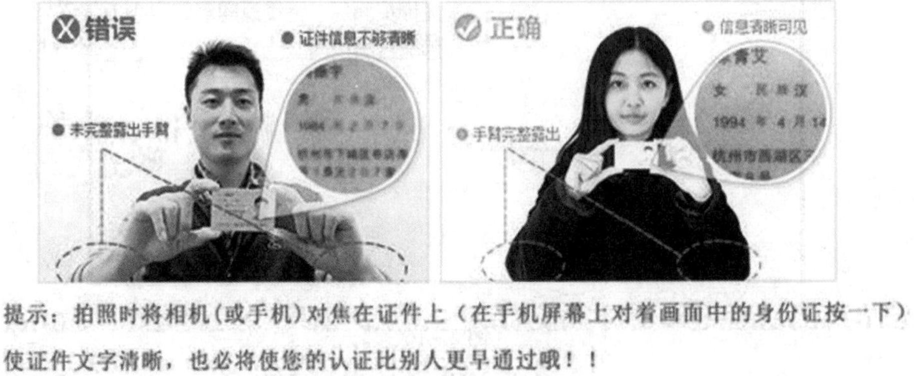

图 2－18

（4）身份证正面照特别注意以下几点事项：

a. 证件的头像清晰，身份证号码清楚可辨认；

b. 必须和手持的身份证为同一身份证；

c. 要求原图、无修改；

身份证到期时间栏请严格按照身份证背面的到期时间填写，如显示长期的，则到期时间选择“长期”，否则认证将不能通过，如图 2－19 所示。

图 2－19

注意：身份证背面有效期不是长期的用户不要选择“长期”，否则审核不通过。

（5）在以下页面填写完所需资料后，点击页面下方“提交”按钮，然后等待认证结果，如图 2－20 所示。

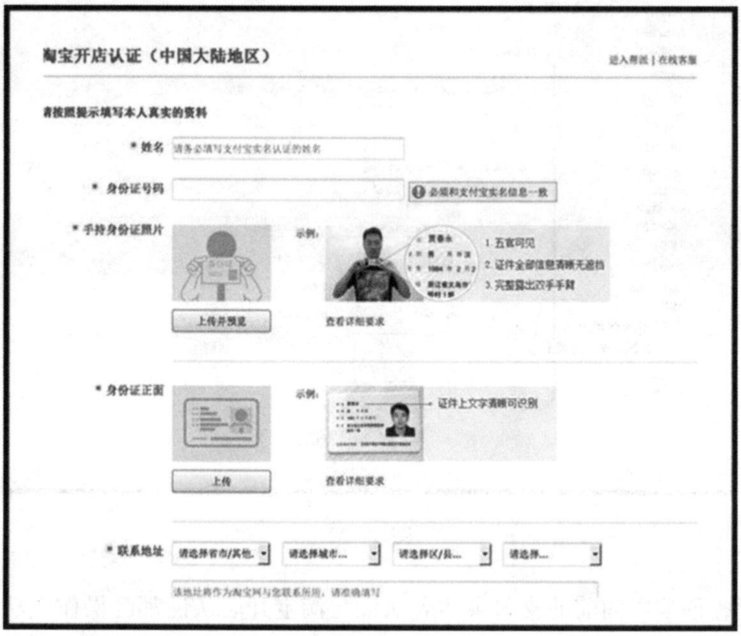

图 2－20

（6）以上信息填写完整后，点击“提交”，淘宝会在 48 小时内完成认证，如图 2－21 所示。

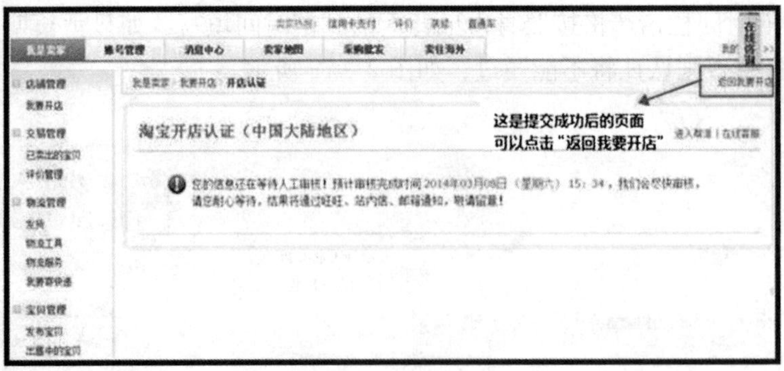

图 2 - 21

（7）淘宝认证开店提交成功后，请返回淘宝开店页面，提交审核后的 2 个工作日可点击查看进度。

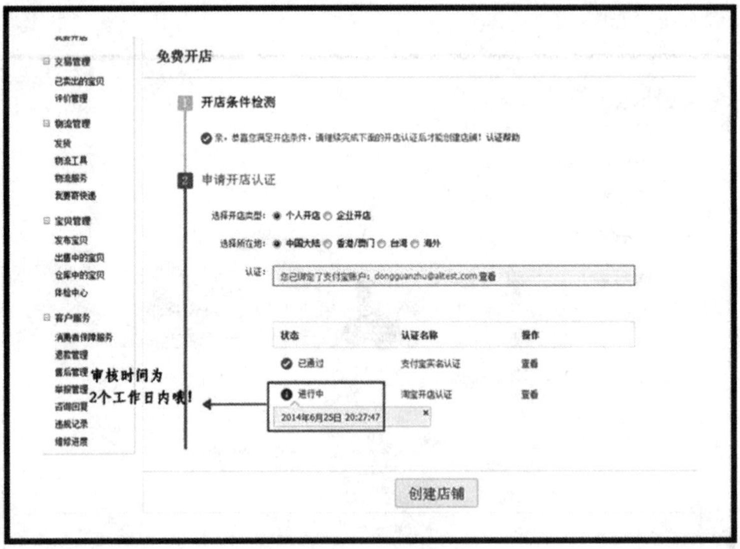

图 2 - 22

（8）至此，创建店铺前的支付宝实名认证与淘宝开店认证都已操作成功，只需等待审核结果了。

在 2 个工作日后，可以进入淘宝开店页面查看认证审核结果，如图 2 - 23 所示。

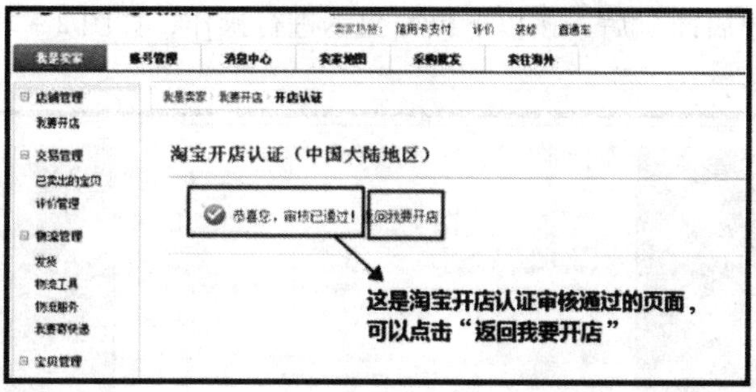

图 2－23

注意：如未通过开店认证的审核，需要查询原因并重新提交申请，如图 2－24 所示。

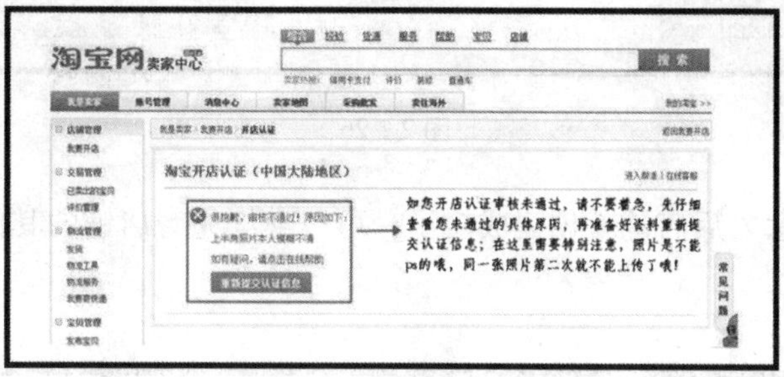

图 2－24

5. 第五步：创建店铺

（1）当申请者的支付宝实名认证与淘宝开店认证均审核通过后，可进入淘宝开店页面，进行创建店铺的操作，如图 2－25 所示。

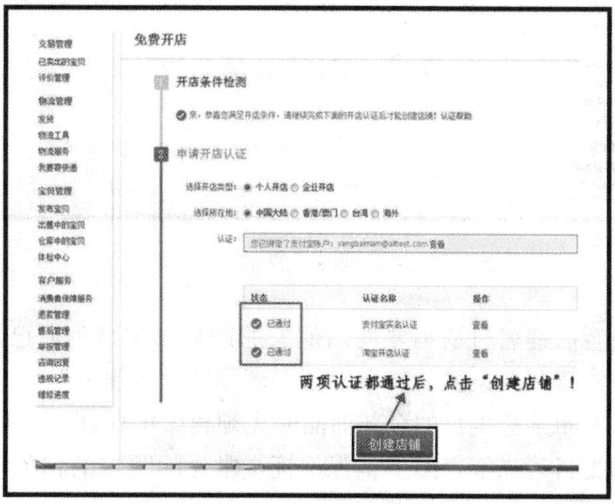

图 2－25

（2）点击“创建店铺”后，按以下页面提示进行操作，如图 2－26 所示。

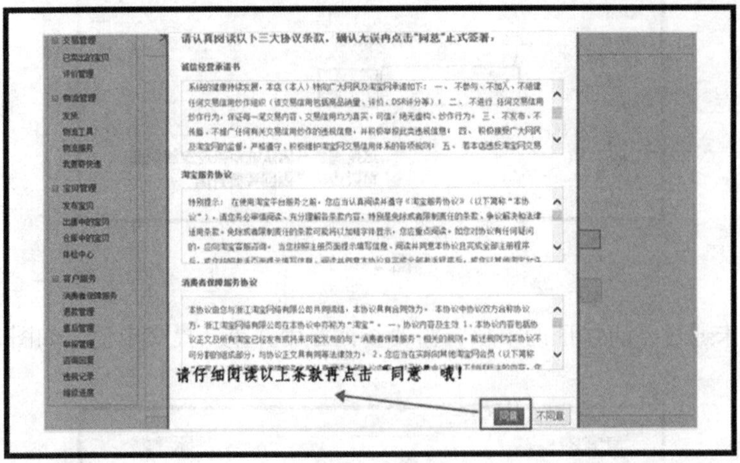

图 2－26

（3）点击“同意”后店铺就创建成功了，可以继续完善店铺的其他信息，如图 2－27 所示。

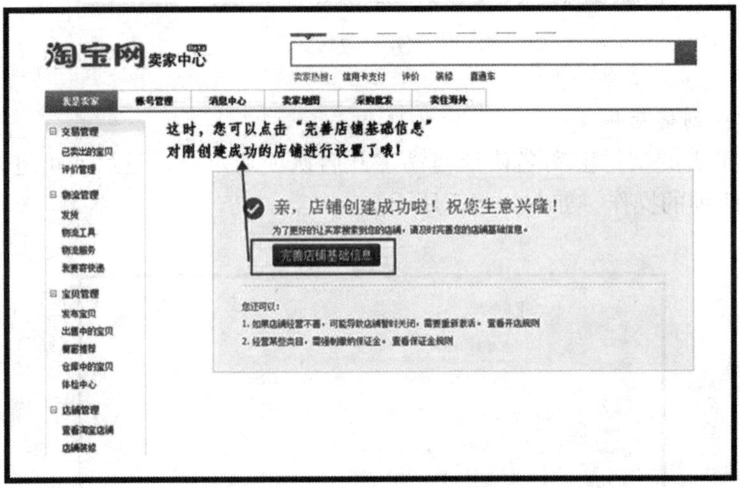

图 2－27

注意事项：①设置店铺名时请不要使用他人的产品品牌名称或已注册的商标名称等；②创建店铺时，请先阅读各项条款，其中“消费者保障基础服务”是创建店铺时就已加入的，但这并不代表在发布某些类目的全新商品时无须再缴纳保证金，具体需要缴纳保证金才能发布全新商品的类目请详细查阅“消保保证金常见问题”的相关规定（“消保保证金常见问题”详见附录）。

二、开店规则

1. 开店资格条件判断

（1）阿里巴巴工作人员无法创建淘宝店铺。

（2）一张身份证只能创建一个淘宝店铺。

（3）同账户如创建过 U 站或其他站点则无法创建淘宝店铺，可更换账户开店。

（4）同账户如创建过天猫店铺则无法创建淘宝店铺，可更换账户开店。

（5）同账户如在 1688 有过经营行为的（发过供应产品信息、下单订购诚信通服务、卖家发起订单、报价、下单订购实地认证、开通旺铺、企业账户注册入口注册的企业账户），则无法创建淘宝店铺，可更换账户开店。

（6）淘宝账户如果违规被淘宝处罚永久禁止创建店铺，则无法创建淘宝店铺。

2. 店铺创建成功后会出现的三种店铺异常规则

（1）出售中的宝贝数量连续 3 周为 0 件，系统会发送旺旺及邮件提醒“宝贝数量连续 3 周为 0 件，必须发布宝贝，否则你的店铺将有可能暂时释放”。

（2）出售中的宝贝数量连续 5 周为 0 件，店铺会暂时释放，此时点击“查看我的店铺”，店铺不能正常显示；系统会发送旺旺及邮件提醒“店铺已经暂时释放，但是我们将为你的店铺名保留一周，请任意发布一件闲置宝贝或上架仓库中的宝贝，24 小时后，店铺即可恢复之前开店状态”，店铺激活后，店铺信誉、装修、订购的服务等都不受影响。

（3）出售中的宝贝数量连续 6 周为 0 件，店铺会彻底释放，系统会发送旺旺及邮件提醒“店铺已经彻底释放，任何人都可以申请并使用你的店铺名称”。需要登录卖家中心操作激活店铺，按照提示完成指定操作，店铺可重新开张。店铺激活后，店铺信誉、装修、订购的服务等都不受影响。

注册开店是网店经营的第一步，根据网店的提示按部就班就可以完成。需要注意的是，开店前一定要了解相关规则，切不可踩入法律规则的雷区。

任务 2　网店装修

任务描述：

1. 完成店铺装修中“背景”“店招”“导航”“宝贝分类”“布局管理”等实训项目

2. 根据店铺的定位完成店铺的整体形象规划

店铺装修是网店给买家留下的第一印象，是能否留住顾客的关键因素，也是店铺形象品位的整体展现。店铺装修不能一成不变，必须根据不同的时节、促销主题、产品风格做出相应的改动。在淘宝的新旺铺中，店铺装修主要涉及“背景”“店招”“导航”“宝贝分类”“布局管理”等项目。

一、设置背景

（1）点击“装修”—“样式管理”—“背景设置”便可设置店铺背景。

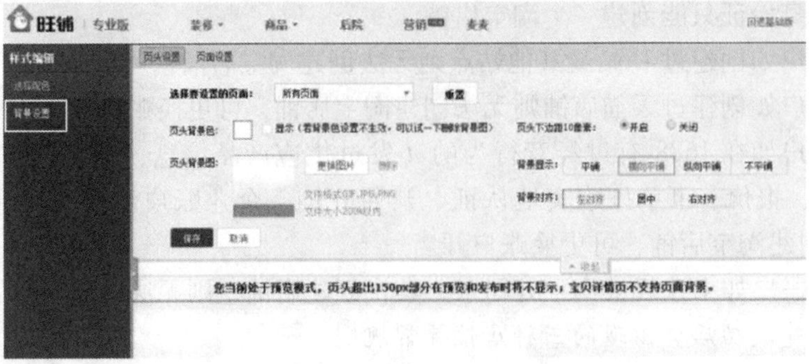

图 2－28

（2）点击“背景设置”—“页头设置”进行店招位置的背景设置。

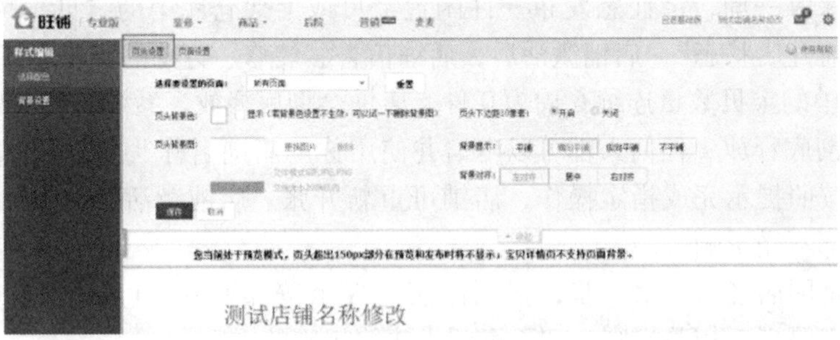

图 2－29

页头背景有两种设置方式：
①选择调色器。

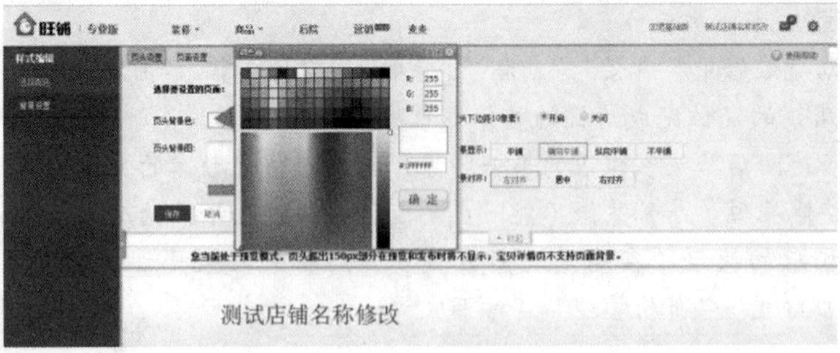

图 2－30

②选择本地上传一张图片。

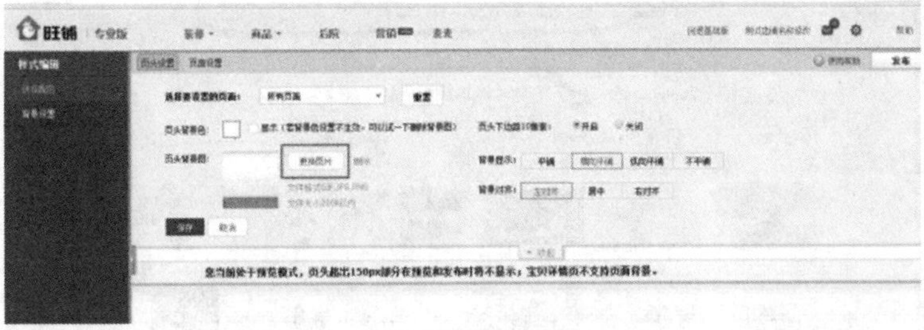

图 2 - 31

（3）点击“选择要设置的页面”，此背景可以设置为对所有页面生效，也可以选择不同页面不同背景，根据需要进行设置即可。

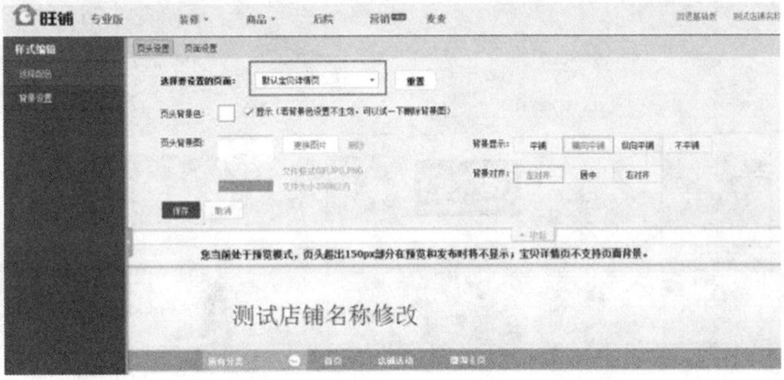

图 2 - 32

二、编辑店招

（1）进入店铺后台，点击店招“编辑”按钮。

图 2 - 33

（2）可以使用默认的店铺招牌。“店铺名称”虽然是默认店铺，但其基本设置也可以修改。

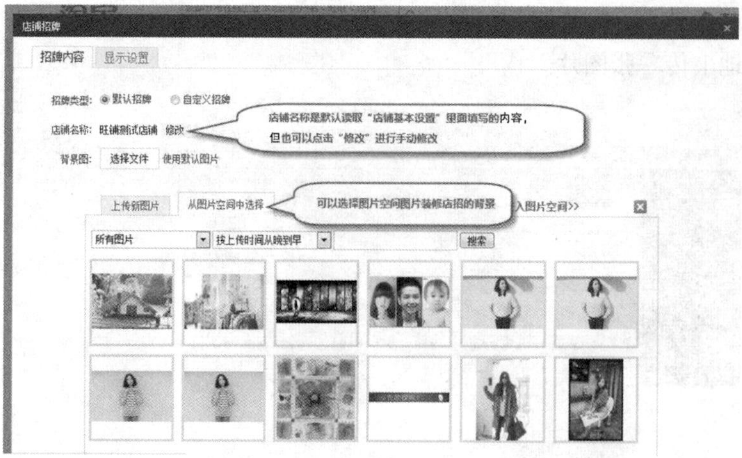

图 2-34

（3）可以点击"从图片空间中选择"，选择其中图片进行默认店招背景设置。

图 2-35

（4）如果不喜欢店招默认显示，可以选择"自定义招牌"进行自由装修，此处可以插入"banner maker"，进行店招等素材挑选和购买。

图 2－36

（5）自定义招牌可以自由地输入代码，如果店招自定义区内什么都没有，店招就会消失不见。

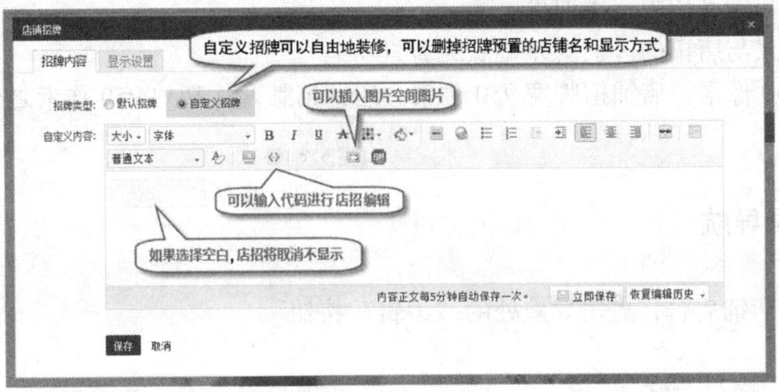

图 2－37

（6）可以在右下方恢复历史记录。

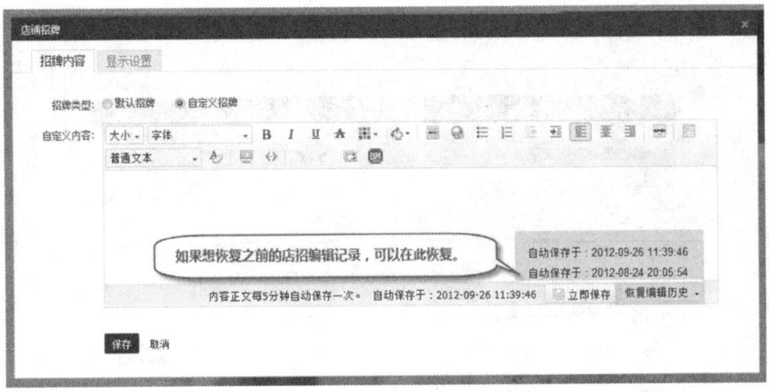

图 2－38

（7）最后进行保存即可。

（8）热门问题答疑：

①招牌尺寸。

页头高度为：150像素（已包含导航），建议招牌尺寸：950＊120像素（即加上导航高度，刚好是150像素，可避免发布后导航被挤掉不显示的问题）。

②店招模块误删后怎么找回？

方法一：在页面管理—页面编辑—首页—“＋添加模块”选择添加店铺招牌。

方法二：在页面管理—布局管理—首页—店铺页头—“＋”添加店铺招牌。

③招牌中的收藏按钮制作。

收藏按钮需要自行设计制作。

④招牌代码来源。

招牌代码是html代码，可自行编写后直接复制到自定义招牌内容区。如果需要查看店铺招牌代码，在编辑框中选择“查看代码”按钮即可。

⑤店招左侧的方块（写着店铺名的）能去掉吗？

可以。用自定义招牌覆盖即可。

⑥页头背景与店招的区别（基础版无背景功能）。

页头高150像素，店铺招牌宽950像素。店铺招牌两次超出950像素之外的部分为页头背景区域。

三、编辑导航

（1）进入店铺后台，点击导航处的“编辑”按钮。

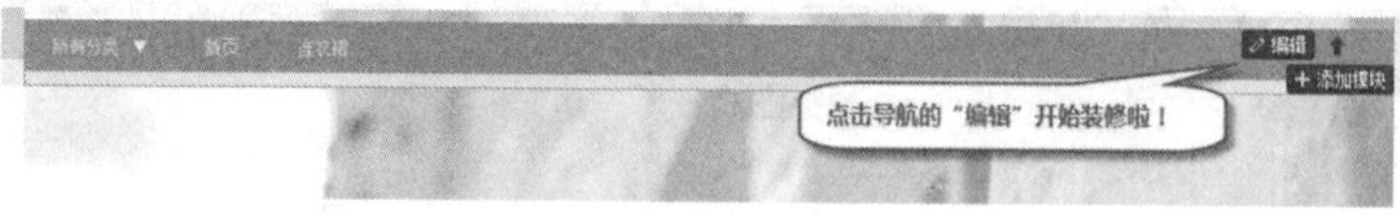

图2－39

（2）在打开的弹窗里面选择“添加”。

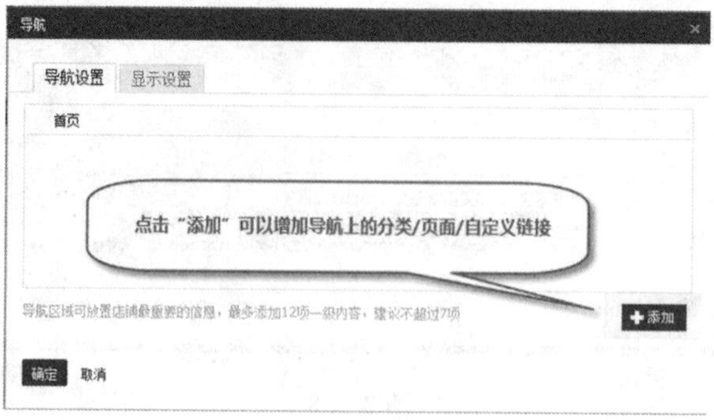

图2－40

（3）添加宝贝分类至导航操作如图 2－4 所示。

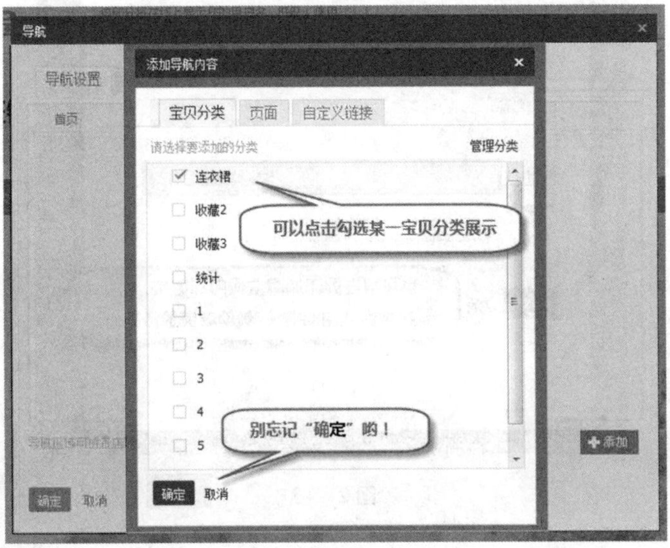

图 2－41

（4）添加页面至导航操作如图 2－42 所示。

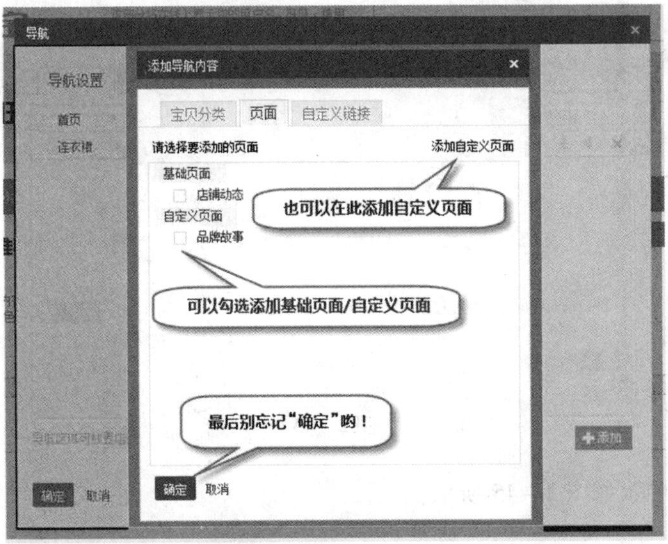

图 2－42

（5）添加自定义链接至导航操作如图 2－43 所示。

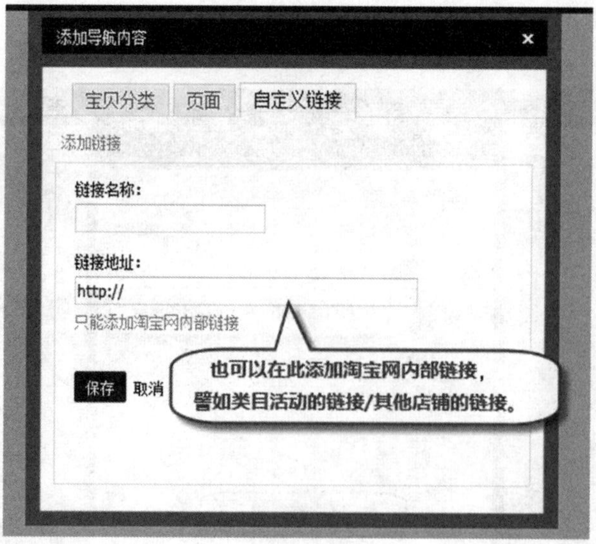

图 2－43

（6）设置好的内容可以在此调整位置或删除如图 2－44 所示。

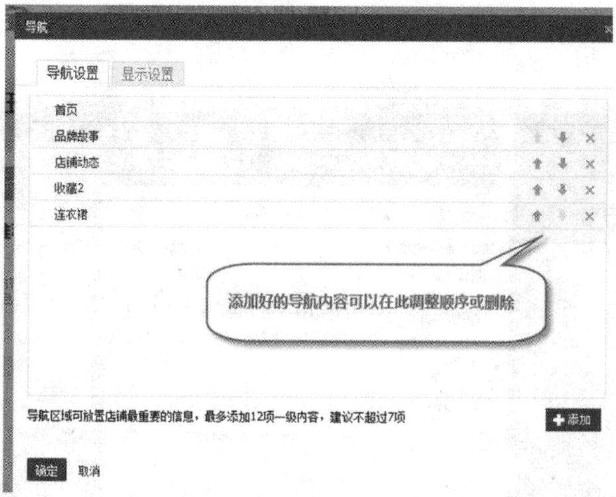

图 2－44

（7）在前台展示如图 2－45 所示：

图 2－45

（8）新旺铺导航是可以更换颜色和样式的，这里需要一些 css 的小技巧。操作位置如图 2－46 所示：

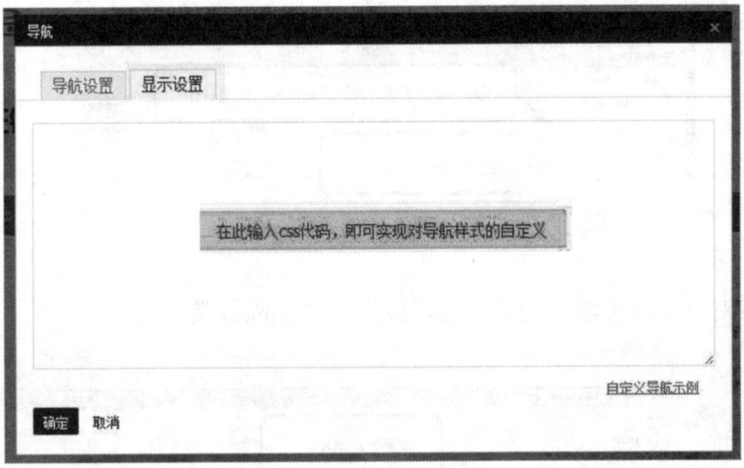

图 2 – 46

下面是自定义导航的示例。首先要了解什么是自定义 css。css 也叫层叠样式表单，是用于（增强）控制网页样式并允许将样式信息与网页内容分离的一种标记性语言。

店铺导航开放 css 设定，就是说让卖家通过 css 来让导航展现得更加丰富，交给卖家控制。

完成的导航范例如图 2 – 47 所示。

图 2 – 47

四、宝贝分类

（一）如何添加宝贝分类

（1）首先进入店铺后台，点击最上方横向导航的“商品”—“分类管理”。

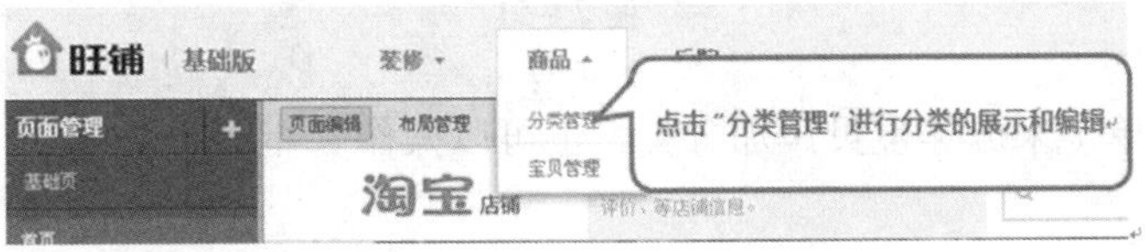

图 2 – 48

（2）可以点击“添加手工分类”添加分类和子分类。

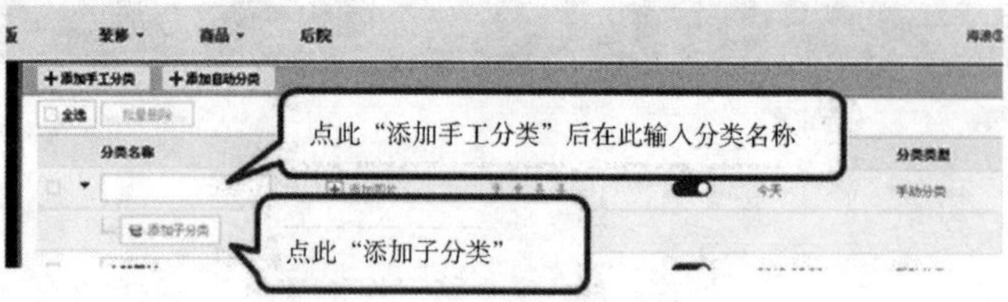

图 2－49

（3）可以对每个分类添加图片，也可以操作“删除分类”。

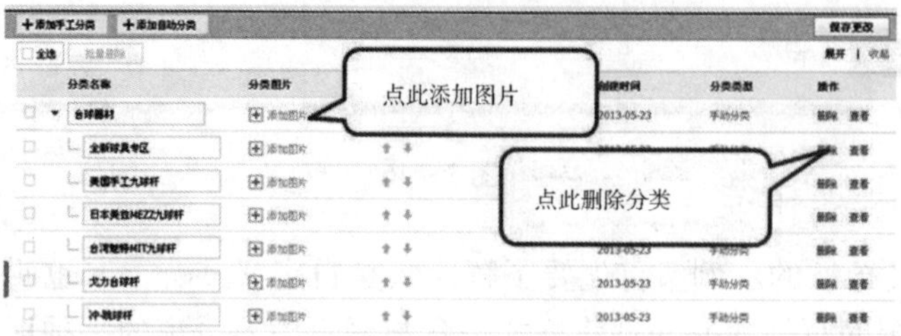

图 2－50

（二）如何对宝贝进行手工分类

（1）点击最上方横向导航的“商品”—“宝贝管理”。

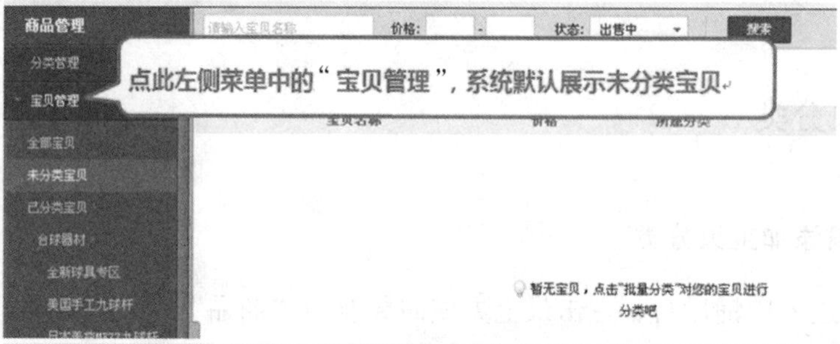

图 2－51

（2）可以对单个未分类宝贝添加分类，也可以操作“批量分类”。

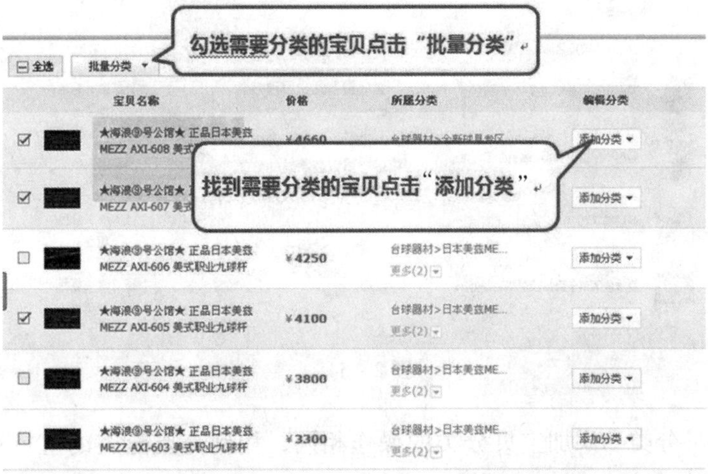

图 2－52

（3）勾选想要分类的宝贝，可以将宝贝同时分到若干个不同的分类里，已经有子分类的一级将无法直接勾选，宝贝必须选择其中的某一个子分类。

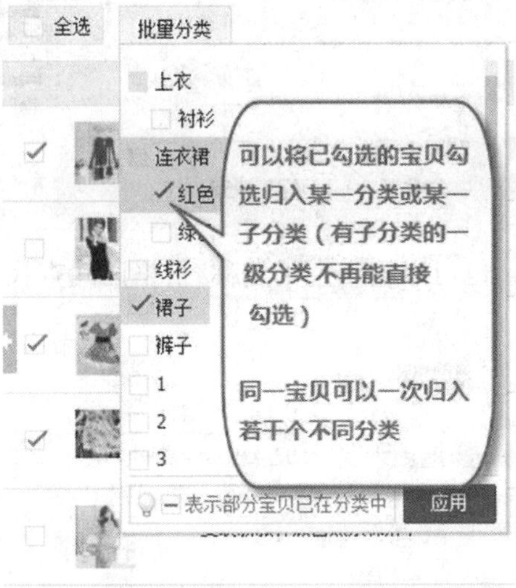

图 2－53

（4）分类完毕之后可以看到如图 2－54 的效果：

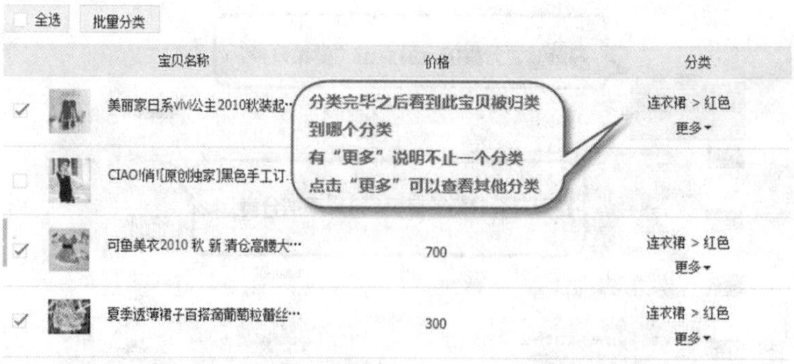

图 2－54

（5）删除宝贝分类和添加宝贝分类的操作相同，找到需要分类的宝贝点击“添加分类”，将需要删除的分类去掉勾选即可。

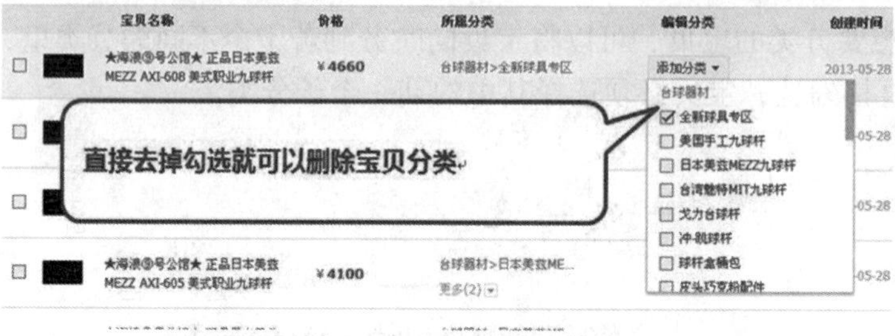

图 2－55

（6）除了直接勾选外，也可以输入宝贝名称/价格区间查找宝贝。

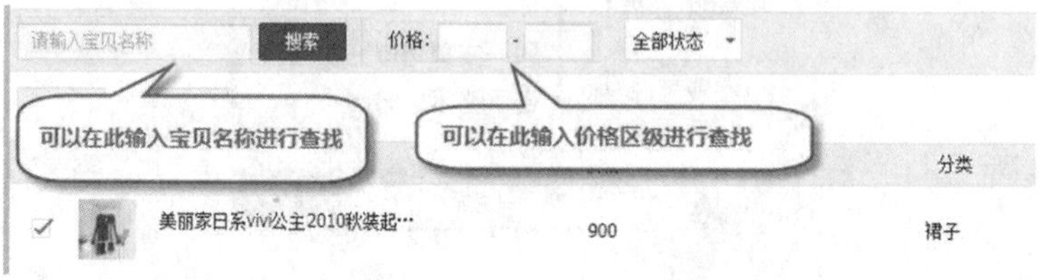

图 2－56

（7）宝贝分类之后可以在左侧导航处查看分类结果。

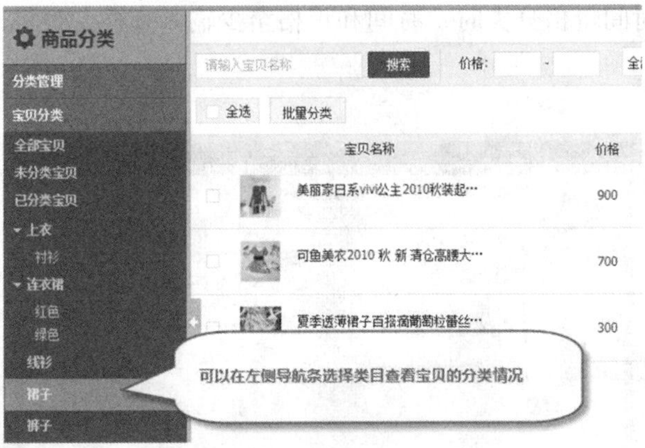

图 2－57

（三）如何对宝贝进行自动分类

（1）首先进入店铺后台，点击最上方横向导航的“商品”—“分类管理”，点击“添加自动分类”进入自动分类页面。

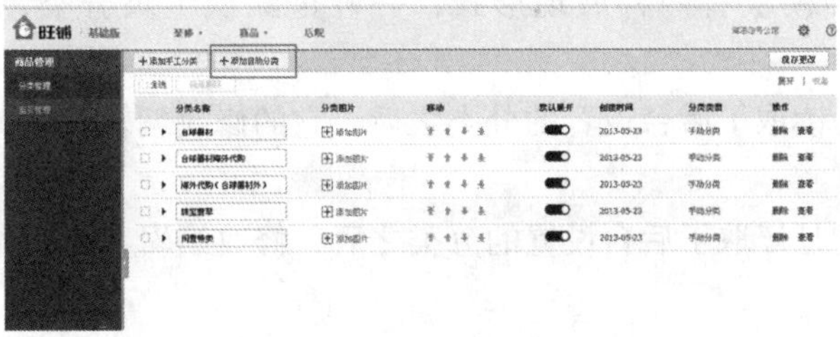

图 2－58

（2）根据需要设置自动分类的条件。

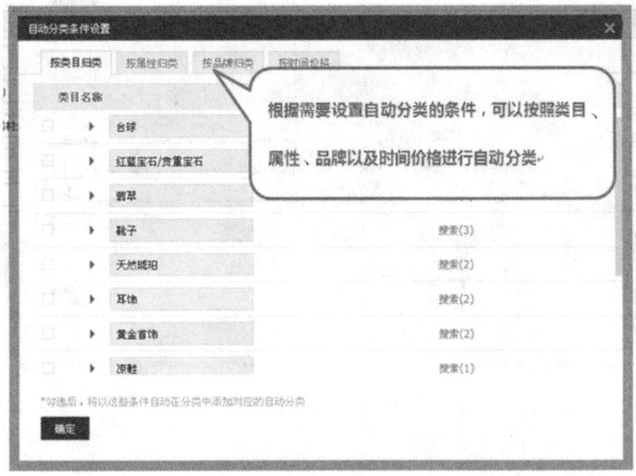

图 2－59

（3）在设置按时间价格分类时，时间和价格至少输入一样，也可以同时设置时间和价格条件。

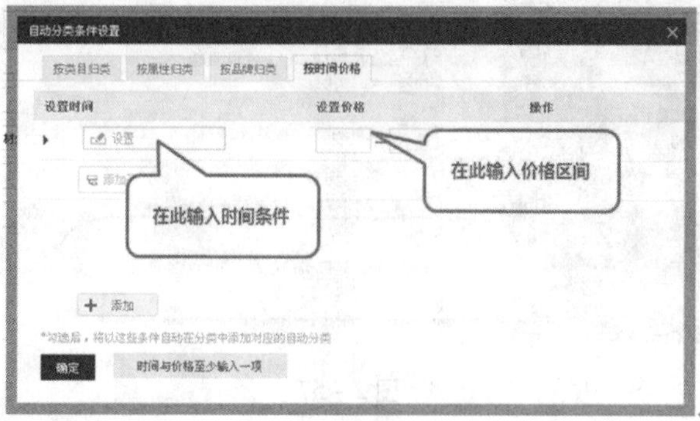

图 2－60

（4）输入完毕后点击“确定”，至此宝贝分类操作大功告成。

（四）如何在店铺里呈现给买家

新旺铺宝贝分类模块有两种展现形式，一种是默认宝贝分类，一种是个性化宝贝分类。

默认宝贝分类是读取了后台设置的分类之后，它的修改编辑和删减都会影响后台宝贝分类的主设置。

个性化宝贝分类是读取了后台设置的分类之后，修改编辑和删减都不会影响后台宝贝分类的主设置。

具体设置如图 2－61、图 2－62 所示：

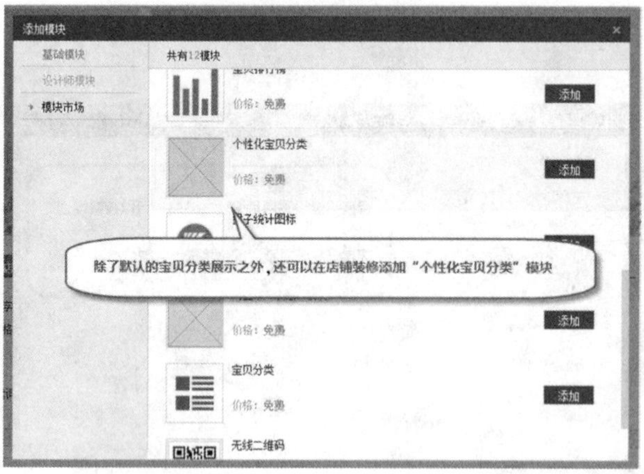

图 2－61

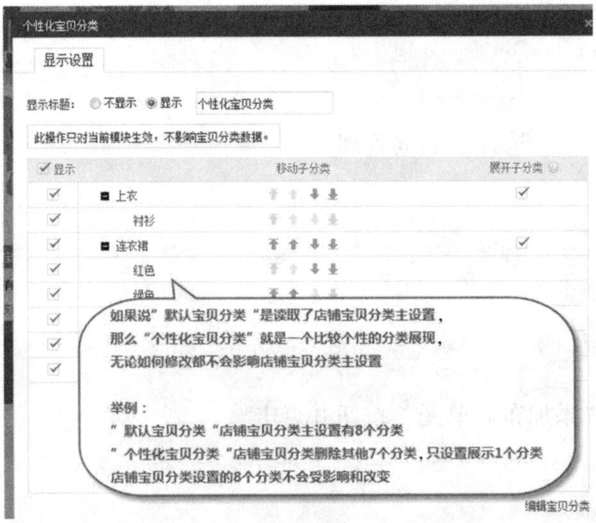

图 2 – 62

（五）删除操作

（1）想删除某个宝贝的某个分类，应该怎么操作？
鼠标移动到宝贝的所属分类，直接点击分类前的"√"即可删除该宝贝的分类。

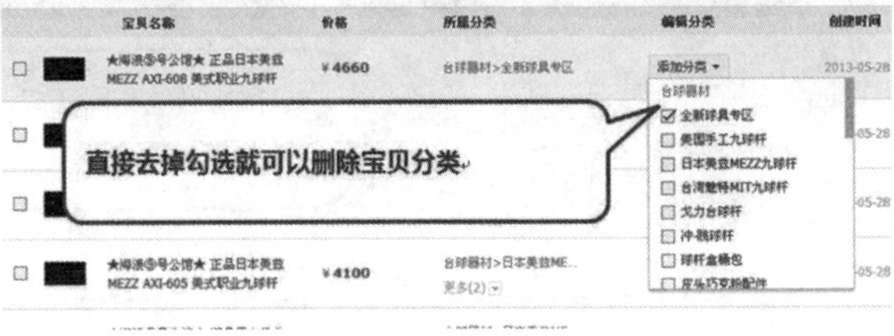

图 2 – 63

（2）为什么点击操作中的"删除"，宝贝就找不到了？
此处的"删除"指的是删除该宝贝，而不是删除该宝贝的宝贝分类。

图 2 – 64

五、布局管理

（1）进入店铺后台，选择“布局管理”。

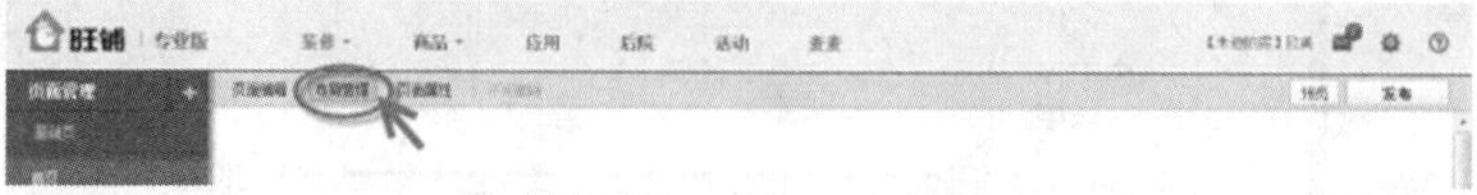

图 2－65

（2）首先找到“添加布局单元”按钮并点击。

图 2－66

（3）选择想要的布局结构。

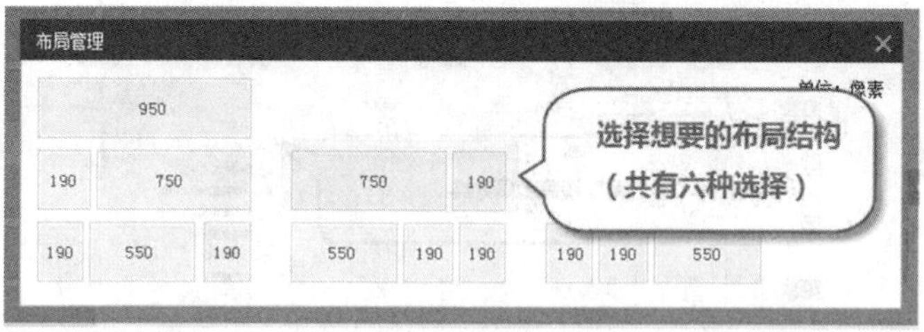

图 2－67

（4）在选好的布局中点击“＋”添加功能模块。

图 2－68

（5）选中想要的模块点击“添加”。

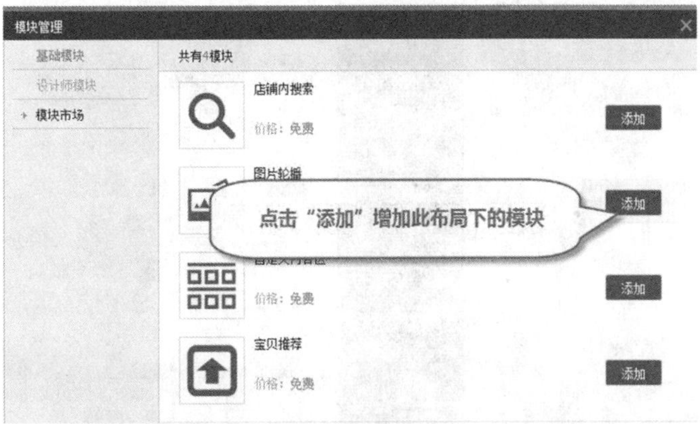

图 2-69

（6）添加成功。

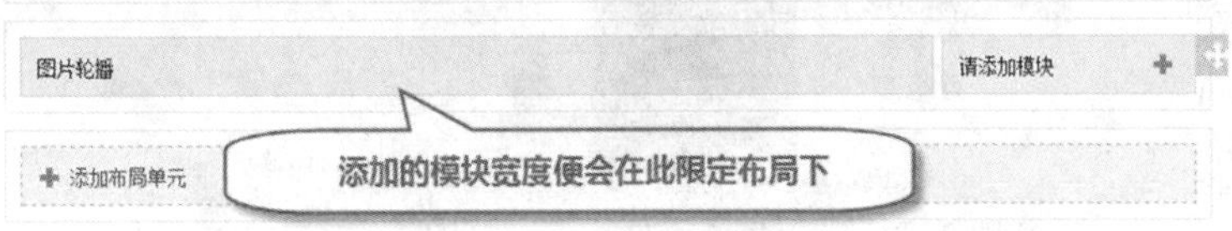

图 2-70

（7）点击不同的页面就可以设置各个页面的布局管理。

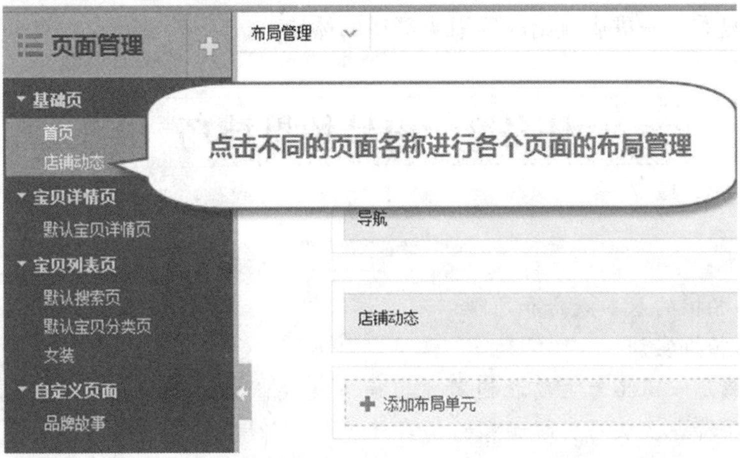

图 2-71

掌握了店铺各个部分的装修技巧后，我们需要根据店铺定位对店铺的整体形象进行总体规划。例如：图文设计需符合店铺的风格定位；色彩的搭配要协调；布局模板合理美观等。下面我们看一些范例：

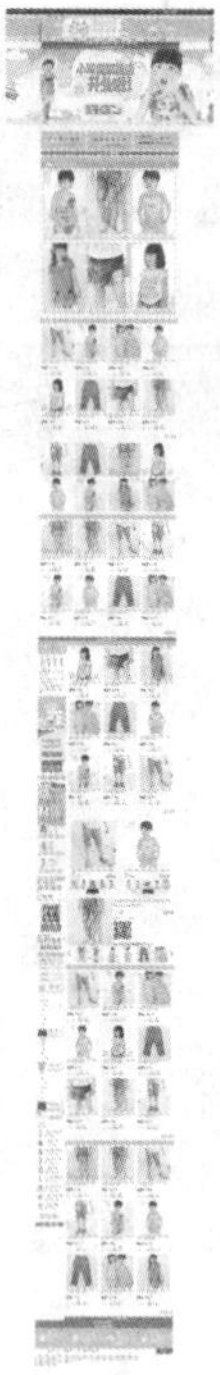

图 2－72

图 2－73

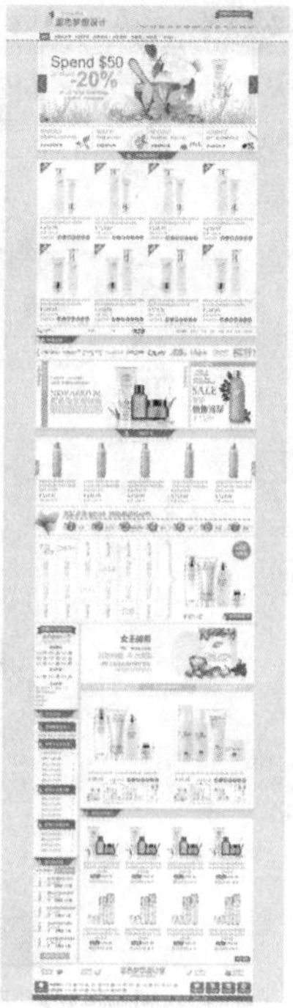

图 2－74

这三个店铺装修的范例各有特点：图 2－72 是童装店，风格清新可爱，色彩多样。图 2－73 是饰品店，出售的商品民族风情浓郁，整个店铺都采用了低沉而华丽的色调去展现商品的特色，让人印象深刻。图 2－74 店铺出售护肤品，以纯白为主，再配以绿色，仿佛使人置身清新夏季，一进店就给顾客清爽舒适的体验。

任务 3　商品拍摄技巧

任务描述：

1. 商品拍摄的基本概念和原理

2. 商品拍摄实训

商品摄影是以商品为主要拍摄对象，通过反映商品的形状、质地、结构、性能、色彩和用途等特点，从而引起顾客的购买欲望的一种摄影。

商品摄影是以传播商品信息和广告意念为主要动机，迎合消费者兴趣，以达到促销的目的。它的作用在于吸引更多人的注意力，引起人们的购买欲望。随着互联网的普及和推广，网购业务的高速发展，商品拍摄的技术显示出越来越重要的地位，要想把商品拍好，要求摄影师有较好的技术和经验，要懂得商品拍摄的技巧，了解商品拍摄的基本概念和原理。

图 2－75

一、商品拍摄的特点

商品拍摄主要包括珠宝摄影、手表摄影、家电摄影、卫浴摄影、箱包摄影、美食摄影、灯饰摄影、玩具礼品摄影、医药摄影、化妆品摄影、家居用品摄影、工业产品摄影以及电子数码摄影等。它具有如下特点：

1. 对象静止

商品拍摄的对象大多是静止的物体，因此，商品拍摄是如何拍好静物的艺术。

2. 摆布拍摄

商品拍摄的一个明显的特点就是摆拍，不需要匆忙地现场拍摄，可以根据拍摄者的意图进行摆布和构图。

3. 还原真实

商品拍摄要体现真实，还原质地、色彩、形状、特点，将商品的形、质、色充分表现出来。

4. 注重用光

用光来表现其特点，展示其质感。

5. 注重细节

商品拍摄注重商品的质感，所拍物体必须清晰、细腻、逼真，细节鲜明，质感细腻。

二、需要的器材

1. 单反相机

配上定焦镜头，最好有微距功能。

2. 三脚架

避免相机震动，保证影像的清晰度，保证画质。

3. 灯具

推荐使用三个以上，常用的有 CALER 佳勒 Smart Ⅱ －400W 等 Smart 系列数码影室闪光灯。

图 2－76

图 2－77

4. 商品拍摄台

进行商品拍摄必备的器材。

图 2－78

5. 背景材料

摄影用的背景从材质上分为背景布、背景纸。背景布方便折叠，易于携带，较耐用。背景纸平整度高，但需要卷轴收存。常用背景色有白、黑、灰。在网店的商品照片中最常用到的是白色，拍出的画面整洁清晰，主体突出，一目了然。

图 2－79

6. 灰板

一种反光率为 18% 的硬纸板，是一块一面是 18 度的灰，另一面是纯白的纸板，主要用于准确测光。

7. 引闪器

一般都是在影棚里配合各种灯具使用的。引闪器装在相机上，频段接收器链接其他闪光灯灯具。

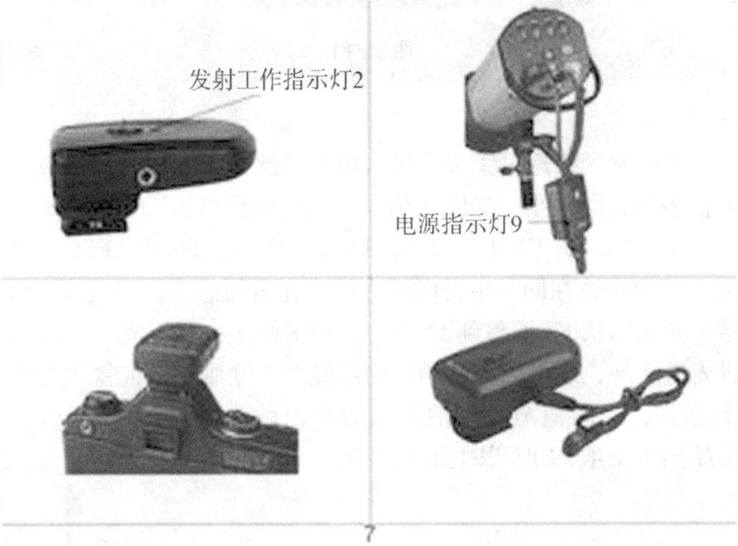

图 2－80

三、商品拍摄的步骤

1. 调节相机的各种参数

调节相机的各种参数主要有 ISO、快门速度、光圈值、色温。

（1）ISO。

ISO感光度是衡量相机感光速度标准的国际统一指标，ISO感光度反映了相机感光的速度。ISO的数值每增加1倍，其感光的速度也相应地提高1倍。如ISO 200的感光度比ISO 100感光度的感光速度提高1倍，而ISO 400的感光度比ISO 200的感光度提高1倍，而ISO 300比ISO 100的感光度提高3倍，并依此类推。商品拍摄一般使用的ISO值越低越好，越能体现商品的质感。商品拍摄时的感光度一般要用100的ISO，才能拍出较好的画质。

（2）快门速度。

快门是摄影器材中用来控制光线照射感光元件时间的装置，一般而言，快门的时间范围越大越好。商品拍摄一般是在室内用外光源拍摄，要求相机要与外光源同步，因此，一般情况下使用1/125秒的曝光速度。

图2－81

（3）光圈值。

光圈是一个用来控制光线透过镜头，进入机身内感光面的光量的装置，它通常是在镜头内。我们用F值表达光圈大小。光圈F值＝镜头的焦距/镜头光圈的直径 。完整的光圈值系列如下：F1.0，F1.4，F2.0，F2.8，F4.0，F5.6，F8.0，F11，F16，F22，F32，F44，F64。光圈F值愈小，在同一单位时间内的进光量便愈多，而且小一级的进光量刚好是大一级的两倍，如光圈从F8调整到F5.6，进光量便多一倍，光圈也开大了一级。光圈除了可以控制进光量之外，还可以控制画质的细腻度。原则上，光圈值愈大，拍出来的东西就愈细腻，愈紧实；光圈值愈小，拍出来的东西就愈朦胧，愈松散。商品拍摄一般用F8以上的光圈值，以保证画面的清晰度。

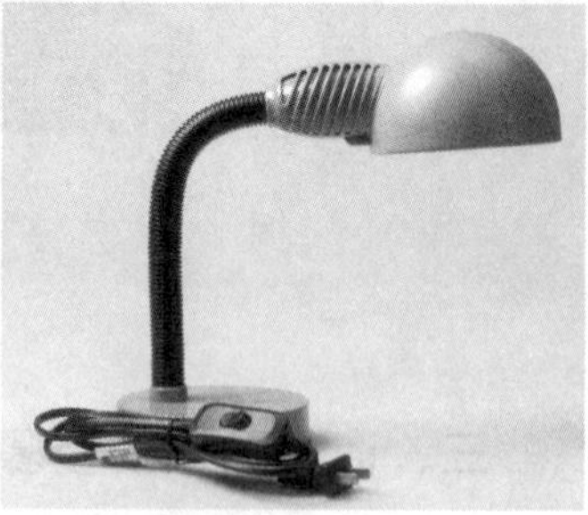

图2－82

（4）色温。

色温是表示光源光谱质量最通用的指标，一般用Tc表示。色温是按绝对黑体来定义的，色温值越低，红辐射越多，通常称为“暖光”；色温值越高，蓝辐射的比例随之增加，通常称为“冷光”。一些常用光源的色温为：标准烛光为1 930K（开尔文色温单位）；钨丝灯为2 760～2 900K；荧光灯为3 000K；闪光灯为3 800K；中午阳光为5 600K；电子闪光灯为6 000K；蓝天为12 000～18 000K。

2. 正确曝光

（1）将灰板放置在被摄物体处，注意光线照射与被摄物体相同。

（2）将相机设置在M档，使用平均测光，对准灰板。注意：在取景框内，尽量使灰板充满，可以采用长焦、移近机身等方式实现，但是不要对灰板上的光线产生影响。

（3）确定要拍的景象的景深（由光圈值、镜头焦距及拍摄物距离决定），之后调整快门速度和ISO值，使得取景器中曝光平衡器指向中点（0值）。如果快门速度过低、ISO过高，还是需要稍微调整光圈值或者进行上架等处理。

图2－83

（4）移走灰板，根据被摄主体的色调，进行曝光补偿，原则就是白加黑减。

（5）设置完成后，就可以构图、对焦拍摄了。

3. 合理构图

按照构图的基本要求，在简洁中求主体的突出；在均衡中求画面的变化；在稳定中求线条和影调的跳跃；在生动中求和谐统一；在完整里求内容与形式的相互联系。在准备拍摄之前，要对被摄商品进行仔细观察，取其最完美、最能表现自身特点的角度，然后将其放在带有背景的静物拍摄台上。

下面介绍几种传统的静物拍摄构图形式：

（1）△型（三角形）构图。

这种构图是静物拍摄最常用的一种方式，它所表示的景物画面具有稳定性和庄严的感觉。三角构图要注意的就是：主次的关系一般形成不等边的三角形，显得既稳定又不呆板。

图2－84

（2）▽型（倒三角形）构图。

与三角形构图相反，这种倒三角形构图极富动感，在不稳定的情绪中求感觉上的变化。这种构图形式也是商品拍摄中较为常用的一种。

（3）S型构图。

S型构图，优美而富于变化，虽然在商品中这种构图形式比较少见，但是如果用它的表现力借助线条的作用，会拍出非常好的商品照片。

（4）对角线构图。

在这种构图形式中，主体的倾斜，加强了画面的冲击力度，给人以强烈的动感。

以上这四种构图方法是较为传统的构图形式。商品拍摄的构图形式和布局没有固定不变的模式，借鉴的目的不是要照搬，而是要在应用的基础上去发挥自己的才能和创新。

四、背景的选择和处理

商品拍摄中，背景在表现主体所处的环境、气氛和空间方面，以及表现整个画面的色调及其线条结构方面，都有着很重要的作用。由于背景的面积比较大，能够直接影响画面内容的表现，背景处理的好坏，在某种程度上决定静物拍摄的成败。

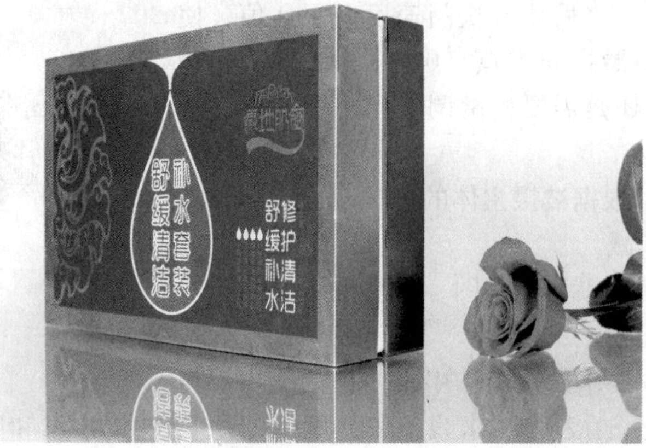

图 2－85

背景使用的材料主要有专用的背景布/纸、呢绒、丝绒、布料、纸张和墙壁等。

1. 背景灯光的运用

图 2－86

在商品拍摄中，背景灯光如果运用合理，不仅能在一定程度上清除一些杂乱的灯光投影，同时也能更好地渲染和烘托主体。背景灯光的布光有两种形式：一种是将背景的照明亮度安排得很均匀，尽可能地使背景上没有深浅明暗的差异。另一种是将背景的光线布置成中间亮周围逐渐暗淡的效果，或背景上部暗逐渐向下过渡的光线效果。通过用光线对背景的调整，可以使背景的影调或色彩既有明暗之分又有深浅之别，将拍摄对象与背景融成一个完美的整体，会得到非常好的拍摄效果。

2. 背景色彩的处理

背景色彩的处理，应追求艳丽而不俗气，清淡而不苍白的视觉效果。背景色彩的冷暖关系、浓淡比例、深浅配置、明暗对比，都必须从更好地突出主体对象的总前提出发。可以用淡雅的背景衬托色彩鲜艳的静物，也可以利用淡雅的静物配以淡雅的背景。在这方面没有一定的规律和要求，只要将主体和背景的关系处理得协调、合理即可。黑与白在商品拍摄背景中的使用，已逐渐受到人们的重视，对于主体的烘托和表现，黑与白有着其他颜色背景达不到的效果。尤其是白背景给人的简练、朴素、纯洁的视觉印象，会将主体表现得清秀明净，淡雅柔丽。如果要拍摄静物照片，不妨尝试使用白背景。

图 2-87

3. 背景的“虚化”处理

如果在室外拍摄静物照片，会受到杂乱背景的影响。因此，为了不影响主体的表现，对背景进行虚化处理是很有必要的。处理的方法：一是采用中长焦距的镜头进行拍摄，发挥这种镜头焦距长，景深小的性能，虚化背景；二是拍摄时尽量不用太小的光圈，避免产生太大的景深；三是控制主体与背景之间的距离，达到虚化背景的目的。

如果在室内运用自然光拍摄静物照片，利用较慢的快门速度，在拍摄开启快门的时候，可同时将背景进行左右或是上下的快速移动，同样可以达到虚化背景的目的。但需要两个人进行操作，快门速度也应该在 1/2 秒以下。

拍出美观的相片是成功销售商品的先决条件。摄影人员在掌握基本的拍摄知识技巧后还需根据销售商品的实际情况来制定拍摄方案，因为不同的商品有不同的拍摄要求。多练习多实践，善于利用拍摄的辅助器材，一定能拍出好照片。

任务4　图片美化软件及技巧

任务描述：

1. 熟悉常用美图软件
2. 熟练掌握网店经营所需的抠图、美化、加水印、边框、批量操作等技能

图片是网店的灵魂，优质的宝贝图片是网店的基础。产品图片的质量显得尤为重要，因此对拍摄后的宝贝图片进行适当的处理和美化是十分有必要的。下面介绍几款图片美化软件并着重讲解其中几款的使用技巧。

一、几款图片美化软件

1. Photoshop

全称是 Adobe Photoshop，简称“Ps”，是由 Adobe Systems 开发并发行的图像处理软件，主要处理以像素构成的数字图像。使用其众多的编修与绘图工具，可以更有效地进行图片编辑工作。独特的历史纪录浮动视窗和可编辑的图层效果功能使用户可以方便地测试效果，对各种滤镜的支持更使用户能够轻松创造出各种奇幻的效果。Photoshop 有很多功能，在图像、图形、文字、视频、出版等各方面都有涉及。

图 2－88

图 2-89

图 2-90

2. 光影魔术手

光影魔术手（nEO iMAGING），是一个对数码照片画质进行改善及效果处理的软件。简单、易用，不需要任何专业的图像技术，就可以制作出专业胶片摄影的色彩效果，且其批量处理功能非常强大，是摄影作品后期处理、图片快速美容、数码照片冲印整理必备的图像处理软件，能够满足绝大部分人照片后期处理的需要。

图 2-91

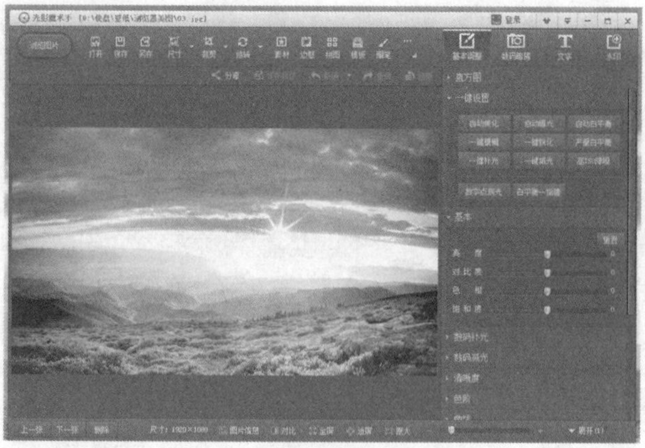

图 2－92

图 2－93

3. 美图秀秀

美图秀秀是一款很好用的免费图片处理软件，不用学习就会用。美图秀秀独有的图片美化、美容、拼图、场景、边框、饰品等功能，加上每天更新的精选素材，可以让新手在短时间内做出影楼级照片，还有一键分享到各种社交网站的功能。

图 2－94

图 2－95

图 2－96

二、Photoshop 和光影魔术手的使用技巧

作为具有代表性的两款图片处理软件，Photoshop 和光影魔术手也有着各自的优缺点，具体见表 2－1：

表 2－1

	优点	缺点
Photoshop	世界上公认的最好、最全面的图片平面设计软件，该软件具有界面友好、图像处理功能强大等优点	操作较复杂，需要比较专业或熟练的操作技巧。文件大，安装时间较长
光影魔术手	绿色软件，简单、易用，不需要任何专业的图像处理技术。能够满足绝大部分照片后期处理的需要，批量处理功能非常强大，足以胜任淘宝商品图片的处理	功能不够全面，部分图片处理仍需要借助 Photoshop 才能完成

了解了图片美化软件的优缺点后，我们还需要明确经营网店的图片需要美化成哪种基本类型，根据图片类型来选择处理技巧，如图 2－97 所示。下面介绍七种图片处理技巧。

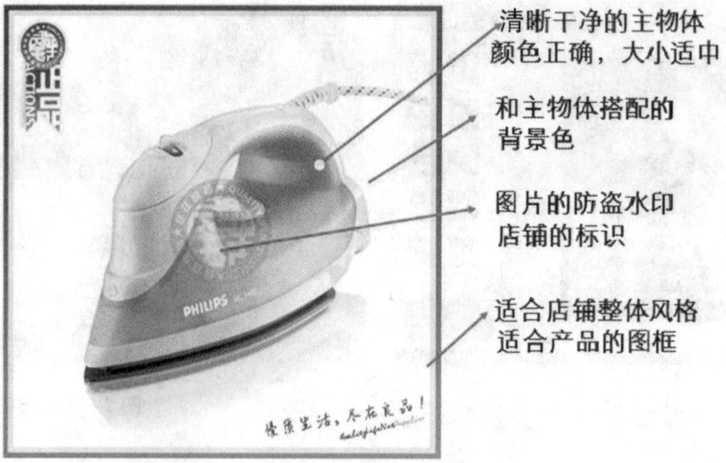

图 2－97

1. 技巧一：让商品更突出

第一步：在 Photoshop 中打开图片，用魔术棒工具选定背景，色彩不同容差也会不同，大家根据自己的颜色差别大小来选容差。如图 2－98 所示。

图 2－98

第二步：把背景调暗让产品更突出，按 Ctrl＋M，调出曲线工具。曲线调向上是变亮，调向下是变暗。如图 2－99 所示。

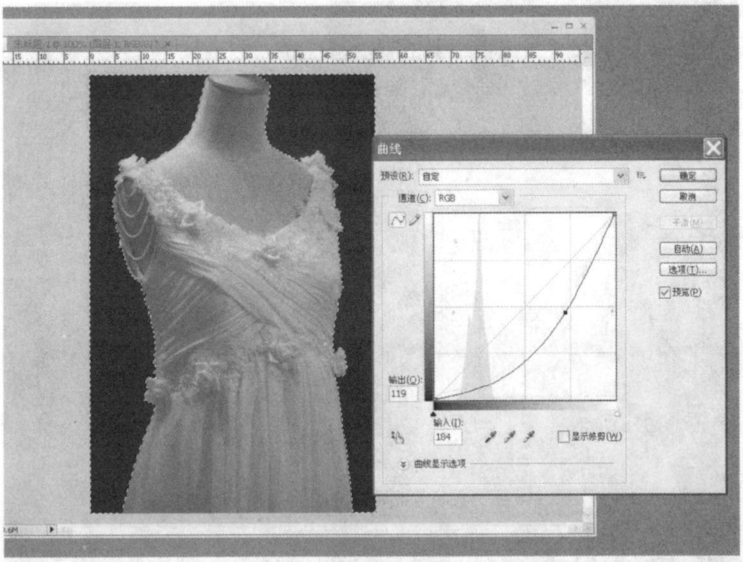

图 2－99

第三步：对比，让暗的更暗，亮的更亮。调出产品效果如图 2－100 所示。

图 2－100

图 2－101

2. 技巧二：抠图之磁性套索工具

当需要处理的图形与背景有颜色上的明显反差时，磁性套索工具非常好用。颜色反差越明显，磁性套索工具抠像就越精确。

在 Ps 中打开原始照片，选择磁性套索工具：注意羽化选项处填 1px，这样截出来的图片不会产生锯齿，基本上不用处理边缘，羽化的作用就是使抠出的图形边缘变得不那么生硬，更加自然。按键盘 Delete 键可以删除前一个节点，可以做随时的调整，一边拉一边看，注意不要套到商品本身。商品颜色比较接近背景颜色的部位以及阴影部分要先拉远一点抠，然后再局部处理，如图 2－102 所示。

图 2－102

将图形拉选好后，按键盘 Ctrl + Shift + I 反选区域，然后按 Delete 键把背景删除。再用橡皮擦把鞋边缘余下的背景擦除即可，这里需要足够的细致。

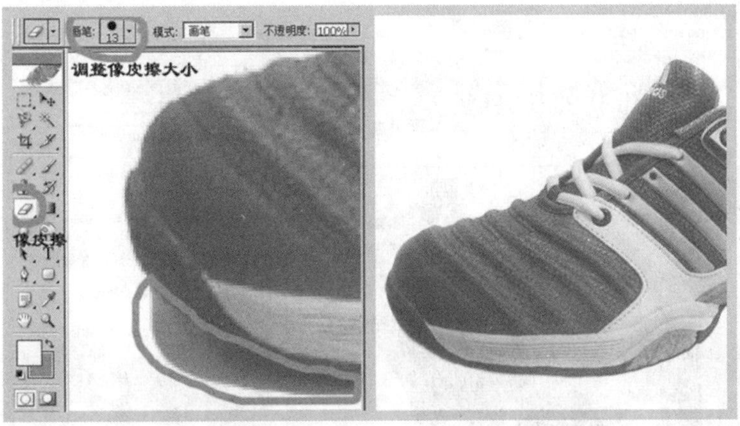

图 2－103

3. 技巧三：抠图之路径工具

用路径进行抠像比较适合于轮廓比较复杂，背景也比较复杂的图像。

在 Ps 中打开图片素材，选择钢笔工具，用钢笔工具沿着所要抠出的手提包边缘画轮廓，设置的锚点（使用钢笔工具画轮廓时在轮廓上点击鼠标左键即得）越多，最后抠出的图形会越精确，这里就如同临描的过程一样，只是需要在临描过程中不断添加锚点。

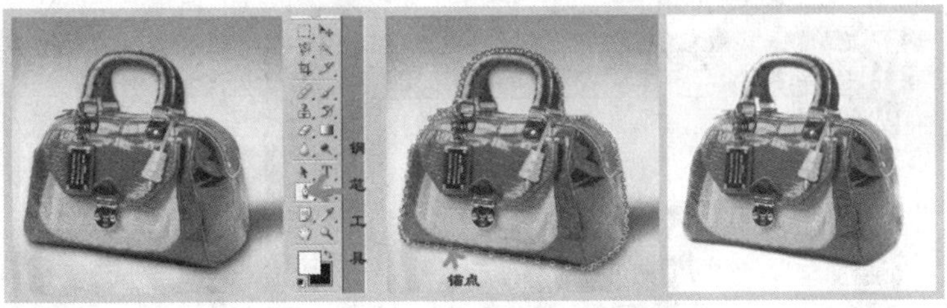

图 2－104

当手提包轮廓上画的第一个锚点与最后一个锚点完整闭合后，就形成了一条路径，在路径上点击鼠标右键，在出现的菜单中用左键选择“建立选区”选项，会出现一个对话窗口，将羽化半径填为 1，按住键盘 Ctrl + Shift + I 反选区域，然后按 Delete 键把背景删除。同上，再次使用钢笔工具将提包手提包内侧背景也抠除，一个手提包就抠好了。

4. 技巧四：为图片添加水印

首先是用 Ps 打开需要添加水印的图片，选中横排文字工具，设定好颜色字体后，输入文字，并将文字拖放到合适的位置，在文字图层上点击鼠标右键选择图层样式并设置描边和阴影的参数。

Adobe Photoshop CS3 Extended
文件(F) 编辑(E) 图像(I) 图层(L) 选择(S) 滤镜(T) 分析(A) 视图(V) 窗口(W) 帮助(H)
华康海报体W1...
72 点
犀利
DSCF7725.JPG @ 82.9% (图层 1, RGB/8)
RELAX
82.92%
文档:732.4K/1.55M
直方图 信息
颜色 色板 样式
图层 通道 路径
正常
不透明度: 100%
锁定:
填充: 100%
图层 1
背景
动作
默认动作
历史记录

图 2－105

Adobe Photoshop CS3 Extended
文件(F) 编辑(E) 图像(I) 图层(L) 选择(S) 滤镜(T) 分析(A) 视图(V) 窗口(W) 帮助(H)
华康海报体W1...
198 点
无
DSCF7725.JPG @ 82.2% (HOT外贸量贩, RGB/8)
RELAX
HOT外贸量贩
82.23%
文档:732.4K/1.55M
直方图 信息
颜色 色板 样式
图层 通道 路径
正常
不透明度: 100%
锁定:
填充: 100%
HOT外贸量贩
背景
动作
默认动作
历史记录

图 2－106

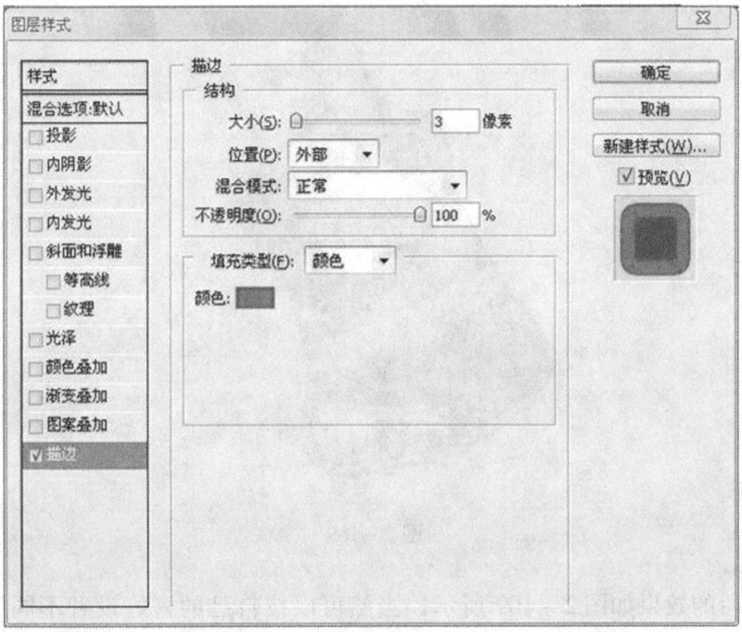

图层样式
样式
混合选项:默认
投影
内阴影
外发光
内发光
斜面和浮雕
等高线
纹理
光泽
颜色叠加
渐变叠加
图案叠加
描边
描边
结构
大小(S):
3
像素
位置(P):
外部
混合模式:
正常
不透明度(O):
100
%
填充类型(F):
颜色
颜色:
确定
取消
新建样式(W)...
预览(V)

图 2 – 107

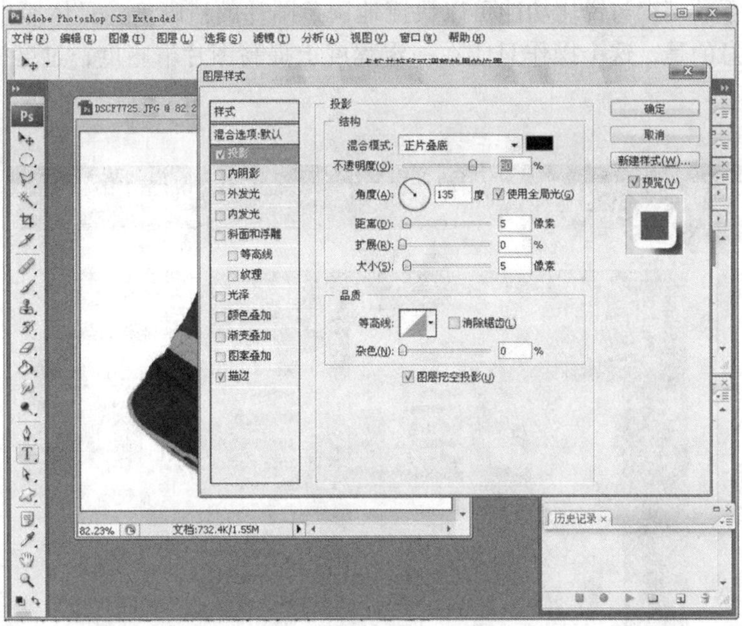

Adobe Photoshop CS3 Extended
文件(F) 编辑(E) 图像(I) 图层(L) 选择(S) 滤镜(T) 分析(A) 视图(V) 窗口(W) 帮助(H)
图层样式
样式
混合选项:默认
投影
内阴影
外发光
内发光
斜面和浮雕
等高线
纹理
光泽
颜色叠加
渐变叠加
图案叠加
描边
投影
结构
混合模式:
正片叠底
不透明度(O):
%
角度(A):
135
度
使用全局光(G)
距离(D):
5
像素
扩展(R):
0
%
大小(S):
5
像素
品质
等高线:
消除锯齿(L)
杂色(N):
0
%
图层挖空投影(U)
确定
取消
新建样式(W)...
预览(V)
82.23%
文档:732.4K/1.55M
历史记录

图 2 – 108

图 2 - 109

设置完成后的效果如图 2 - 109 所示，当然可以按自己的喜好设置不同的参数，还可以结合前面的抠图技巧为图片添加图片水印，方法类似。

5. 技巧五：用光影魔术手提高图片清晰度

光影魔术手的模糊与锐化功能可以快捷地调节图片的清晰度，具体操作如图 2 - 110 所示。但要注意的是，这个操作只能在一定程度上提高图片清晰度，过度操作会让图片失真。

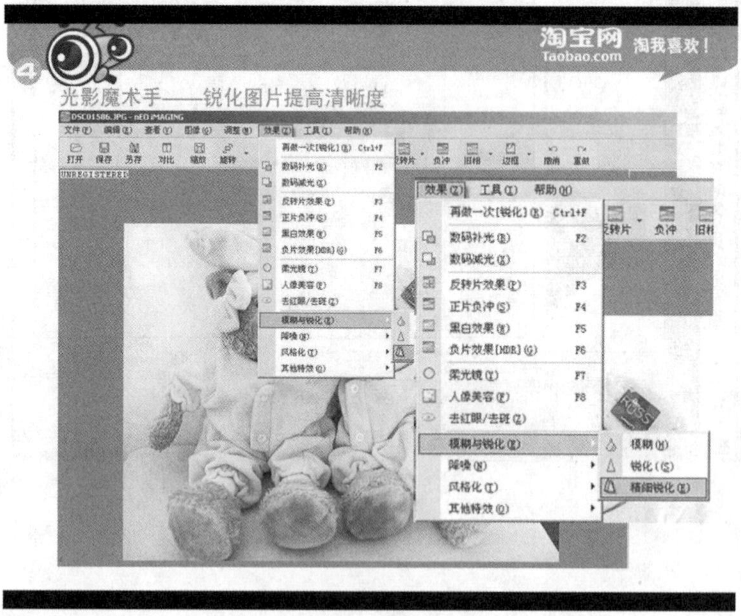

图 2 - 110

6. 技巧六：用光影魔术手为图片添加边框

要让网店中的商品吸引顾客，有的时候为图片添加边框也是一个不错的选择，用光影魔术手就能方便快捷地为图片添加各式各样的边框，具体操作如图 2－111、2－112、2－113 所示。

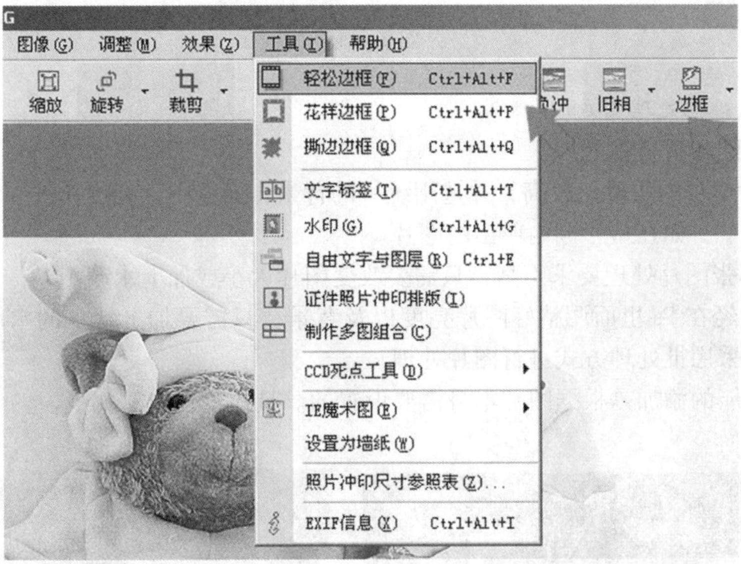

图 2－111

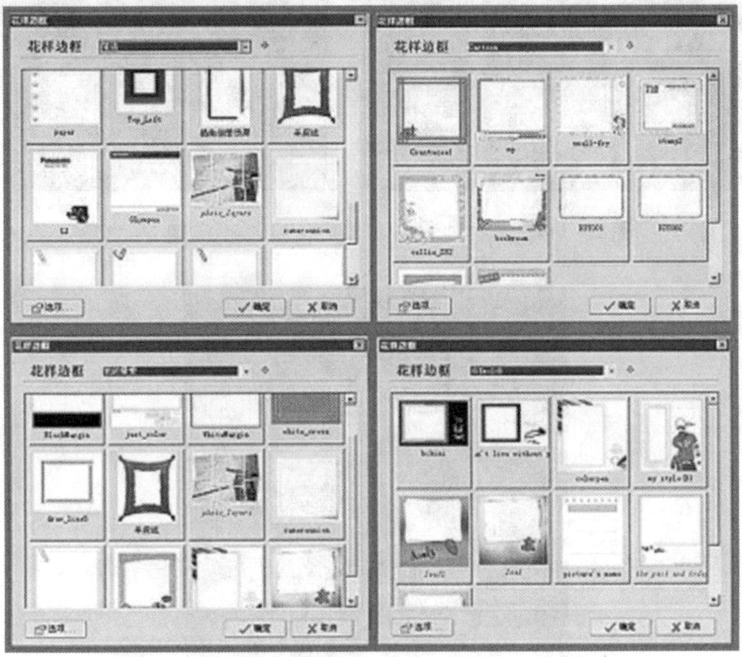

图 2－112

图 2－113

7. 技巧七：批处理图片

什么样的图片适合批处理?

（1）照片本身的质量比较高，并选用统一的背景，而且图片亮度比较平均，不需要做太大起伏的调节，如在摄影棚内照出的图片。

（2）对单张图片处理要求不高，只需要改变图片大小或加上水印。

（3）对已经在 Ps 里面调整好图片亮度以及背景，只需要加上统一的水印或者图框的图片，也适合采用批处理方式进行图片处理。

批处理功能的添加是根据图片本身需要设置的。具体操作方法如下。

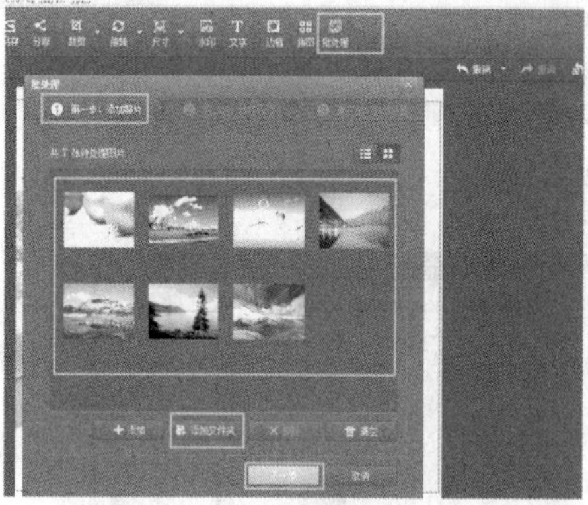

图 2－114

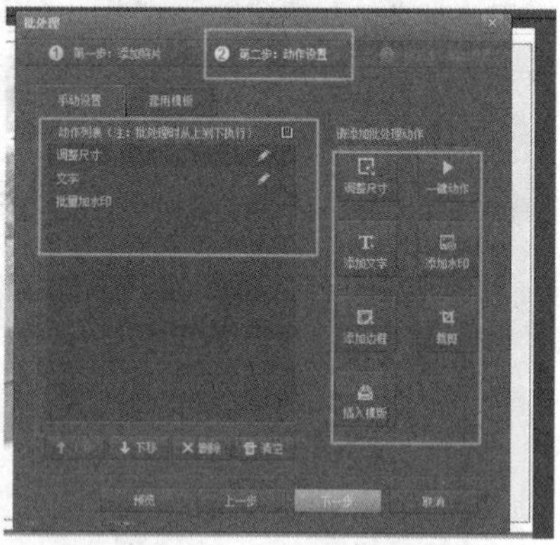

图 2－115

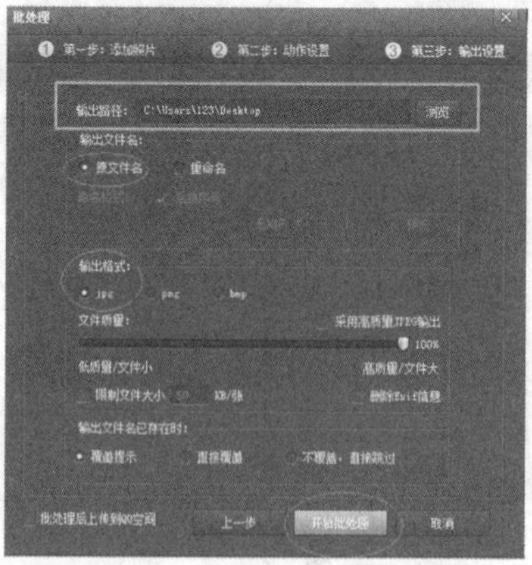

图 2－116

关于Photoshop和光影魔术手还有很多使用技巧：调整颜色、去红眼、彩色照片变黑白照片、皮肤的美化（磨皮等）、制作边框等。不断的练习才是提高操作能力的唯一方法。

熟练运用修图软件对图片进行修整装饰是十分重要的一项网店装修技能。本任务介绍了三种常用的修图软件，大家可根据实际需求在工作中进行选择。值得注意的是，商品图片的数量比较多，重复的操作不少，善于利用“批处理”功能，会节约很多时间和精力。

任务5　宝贝标题的编写

任务描述：

1. 撰写宝贝标题

2. 合理设置淘宝宝贝标题，增加网店流量

淘宝网店中把商品称作宝贝，宝贝标题就是指出售的商品标题。淘宝规定宝贝的标题最长不能超过60个字节，也就是30个汉字，写宝贝标题时尽量用比较精炼和简洁的文字，字字斟酌充分利用好30个汉字，一个完整的宝贝标题主要包括以下几个部分：

1. 商品的名称

让客户一眼就能明白这是个什么商品，最好能同时写上商品的别名、俗称。比如买家想买手机，就会直接在搜索框里输入“手机”。有的商品在不同的地方或者不同的人群会有不同的叫法，比如：包包有的人会叫手袋，笔记本有的人会叫手提电脑。这些不同的叫法或者说别名、俗称都应该体现在宝贝标题里，尽量符合买家的搜索习惯。

如“旗王真皮女包2015春款鳄鱼纹时尚大包手提包头层牛皮贝壳包女包包”，列出了商品的名称（贝壳包）、别名（女包）、俗称（包包）。

图2－117

2. 店铺的信誉

把自己店铺的信用等级相关信息写进宝贝标题中，提高买家对卖家的信任度，如“皇

冠信用钻石信誉”“双冠店铺”等，也可以写“诚信卖家”，诸如此类。网上购物最怕上当受骗，在标题里写上店铺的信誉，买家看到就更有安全感，从而提高点击和成交的概率。

图 2－118

3. 商品的品牌

很多买家购买商品都会冲着某个品牌而来，买运动鞋的可能会输入“耐克运动鞋”进行搜索，如果你只填了“运动鞋”，就不容易被买家搜索到，所以当你所出售的商品有品牌特别是知名品牌时，一定要把它写进标题里。

图 2－119

4. 促销/优惠信息

商品正在搞促销，或者店铺正在举行优惠活动时，要在宝贝标题中体现出相关信息，如常见的“包邮”“打折”“秒”“疯卖 1 000”“买一送一”“冲钻特价”“五折优惠”等词语，让客户看了之后对你的宝贝感兴趣，产生购买欲，这和我们到实体店购物是一样的道理，商铺在搞促销或者举办优惠活动，顾客就会愿意去看看、挑挑。

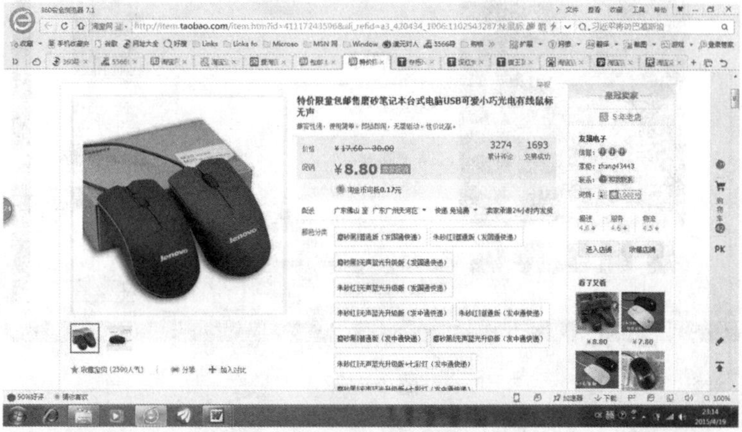

图 2－120

5. 型号规格等信息

比如同样一款服装可分为 S 码、M 码、L 码等，再比如凉席有 1.2 米、1.5 米、1.8 米等。这些商品的型号和规格等相关信息也很可能作为买家搜索的关键词。

图 2－121

“法蒙娅 2015 春夏装新款韩版长袖牛仔外套女韩版宽松原宿 BF 风牛仔衣”这个宝贝名称包含了品牌（法蒙娅）、关键字（2015 春夏装）、风格（韩版）、特色（宽松）、属性名（牛仔衣）等要素。

图 2-122

现在淘宝的竞争比过去任何时候都要激烈，往往在细节之处就会决定成败，宝贝标题的设置可以算是其中一个重要细节。淘宝宝贝标题不但可以让买家了解到商品的基本信息，而且通过合理地设置商品标题，使宝贝更加符合搜索引擎的排名规则和买家的搜索习惯，在淘宝更容易被搜索到，以增加网店的流量。网络中每天都会有大量的商品发布，如何让自己的商品脱颖而出，快速地被买家找到，标题命名是不可或缺的第一步，而关键字更是其中的核心。店主应随时关注淘宝指数中的相关数据指标，并善于做关键词的调研，将时下热门的关键词和促销信息等关键内容应用到商品标题中，以获得更好的引流效果。

任务6　商品描述

任务描述

1. 描述商品
2. 掌握常见的商品描述形式

消费者来到购物网站，目的往往非常明确，购物或准备购物。大致有以下几种情况：

（1）当消费者漫无目的地浏览淘宝时，大部分会留意各种推广活动，如被其中某一样商品吸引住，就会点击进入店铺，直接浏览宝贝详情。

（2）当消费者有熟知并喜好的品牌时，则直接从店铺首页进入，选择感兴趣的商品点击查看详情，再考虑是否购买，或者通过品牌商品搜索进入宝贝详情页面查看。

（3）当消费者以某一商品为购物目的时，通过搜索或活动推广直接进入宝贝描述页面查看详情。

由此可见大多数消费者首次浏览的页面都是宝贝描述页面，意味着消费者在进入店铺首页之前多数是在看宝贝，如果不能成功吸引或挽留住消费者，而让消费者对宝贝失去信心和兴趣的话，其进入店铺的可能性就不大，也就意味着成交率为0。

所以说，首页的主要作用是吸引消费者并树立店铺的品牌形象，商品描述页面则是影响消费者是否购买的一个重要因素，是将点击率转化为成交率的关键页面。

一、商品描述注意事项

商品描述是指由卖家做出的与商品本身有关的信息说明，商品描述页面是真正展示商品的地方。

1. 商品描述的主要作用

（1）展示商品：让消费者查看商品照片。

（2）介绍商品：让消费者了解商品属性。

（3）增加入口，促销商品：吸引消费者进入店铺或查看其他商品，提高成交率和二次消费的概率。

（4）树立品牌形象：增加商品品牌质感，提高消费者的信任度和购买欲望。

（5）减少卖家沟通负担：良好的商品描述页面会引导消费者完成自主购物，减少消费者疑问，减轻客服工作量，提高工作效率。

2. 商品描述的内容

为了利于商品销售，商品描述应避免以下六点：

（1）页面颜色和字体使用过多，视觉上较混乱。如有的卖家为了让一些重要信息比较明显而使用红色的大号字体或颜色鲜艳的色块作为底色，这样做醒目的目的是达到了，但却失去了页面的整体性和视觉美感，降低了店铺的档次和品牌质感。

（2）图片质量过低，影响消费者对商品的把握和信任，降低了商品品质。

（3）内容不全面，影响消费者的判断和信心。如消费者最希望了解的材质、尺寸、颜色、寓意、使用与保养、基础知识、真伪辨别、赠品、消费承诺、付款方式等信息不齐全。

（4）结构混乱，主次不分。重要的信息如商品属性、商品照片应该放在前面位置，次要的信息如邮费咨询、服务承诺等应该放在后面。

（5）设计过于视觉化，忽略商品介绍。一味追求华丽或尖端的设计效果，没有突出产品本身的图片和介绍信息。

（6）商品描述结束时没有注明卖家相关信息，如联系方式、交易方式、优惠策略、相关网站等。

以上种种问题，都会影响消费者对产品本身的关注程度，拉大与消费者的距离，从而影响店铺的整体印象和经济效益。品牌店铺的成功经营，要求卖家不仅要在产品方面获得认可，还要让消费者掌握简单、单纯的页面结构布局，使用能让消费者对产品集中注意力、产生购买欲望的色彩和印象设计。

二、常见的商品描述形式

商品描述涵盖的内容非常多，网络中卖家为了达到好的营销效果，需要不断地深入挖掘商品的相关信息。从初期浅显的属性信息描述，逐步发展为集属性信息、促销信息、使用技巧、产品文化、售前售后等为一体的商品描述体系。

1. 商品标题命名

淘宝规定宝贝标题不得超过 30 个字，建议店主写大家常用的搜索关键词，也可以把产品的功用和促销活动写进去，举个例子："纳瑞仕舒畅胶囊通便排毒治便秘买二送价值 10 元的 30 粒芦荟一瓶"，其实"通便"和"治便秘"是一样的意思，但是别人搜索两个词中的任何一个都有机会找到这个宝贝，这样就可以增加自己宝贝的浏览量。

商品标题命名常见组成内容：名称、品牌、型号、促销信息、特性、形容词、关键词、承诺。

商品标题命名主要遵循以下原则：

（1）商品标题不能超过规定字数（一般为 30 字以内）。

（2）商品标题中的关键词应与商品有关联。

（3）商品标题能突出商品的属性、特点和卖点。

例如：Apple/苹果 iPhone 6 Plus 电信联通移动 4G 港版国行 iP6 代苹果手机。

2. 商品详情描述

商品详情描述主要指商品的基本属性，一般包括商品的名称、品牌、材质、成分、功能、颜色、尺寸、重量、货号、等级、生产厂家等。

以 iPhone 4 为例，如图 2－123 所示。

品牌: Apple/苹果	Apple型号: iPhone 4	上市时间: 2010年
网络类型: 联通3G GSM/WCDMA(3G)	款式: 直板	尺寸: 3.5英寸
机身颜色: 黑	套餐类型: 官方标配	后置摄像头: 500万
操作系统: iOS	附加功能: GPS导航	宝贝成色: 全新
售后服务: 全国联保	触摸屏类型: 电容式	机身内存: 8G
键盘类型: 虚拟触屏键盘	厚度: 9mm(含)-10mm(含)	分辨率: 960x640
摄像头类型: 双摄像头（前后）	视频显示格式: 720P(逐行高清D4)	网络模式: 单卡双模
核心数: 单核心	版本类型: 中国大陆	

图 2－123

3. 商品照片描述

iPhone 6 之大，不只是简简单单地放大，而是方方面面大有提升，它尺寸更大，却纤薄得不可思议；性能更强，却效能非凡，光滑圆润的金属机身，与全新 Retina HD 高清显示屏精准契合，浑然一体，而软硬件同的搭配，更是默契得宛如天作之合，无论以何种尺度衡量，这一切，都让 iPhone 新一代的至大之作，成为至为出众之作。

图 2－124

好的照片配合精美的文字描述可以让照片更加生动、形象。商品照片的描述主要有以下三个方面：

（1）对照片中商品的基本属性说明。

（2）对照片中商品的功能演示说明。

（3）对照片中商品的品牌介绍。

注意：商品照片的描述文字可以独立于照片之外也可以在照片上。

4. 商品促销信息

商品的促销信息种类繁多，在适当的时候利用促销可以快速地提升店铺的销量和人气。

常见的有五种促销类型：

（1）满就送促销，例如：满百包邮、满百送礼、满百减十。

（2）买够就送促销，例如：买五送一、买十送三。

（3）限时打折促销，例如：2 月 14 日前 8 折销售、促销 9.9 元仅限本周。

（4）节日促销，例如：情人节“甜蜜二月”全场八折。

（5）套餐搭配促销，例如：真皮钱包（120 元）+真皮腰带（99 元）=200 元。

图 2－125

5. 商品支付方式

为商品设置支付方式。

随着电子商务的发展，支付方式越来越丰富，也越来越便捷。不同的商家支付方式也各有不同，总体来说分为三大类：在线支付、货到付款、转账汇款。详见表 2－2。

表 2-2

支付方式	支付说明
在线支付	第三方支付（支付宝、财付通、快线）、网银支付、信用卡支付
货到付款	快递公司送货上门，客户收单验货后，将货款交付配送员
转账汇款	银行转账（支持工行、农行、建行、招行等）、邮局汇款、汇款账号见下方

6. 商品邮资说明

邮资说明这一环节要求体现出邮寄方式、区域差价、重量差价、到达时间等常识性信息。

表 2-3

配送地区	邮寄方式			预到时间
	平邮	快递	EMS	
本市内	5	5	10	1~2 天
其他地区	10	10	20	3~5 天
注意事项： （1）本店支持中通、申通、圆通快递，默认快递公司为申通快递，快递无法到达地区发 EMS； （2）同城首重 5 元/kg，续重 3 元/kg，其他地区首重 10 元/kg，续重 5 元/kg； （3）如有特殊要求，请与本店客服联系。				

7. 联系方式

联系方式这一环节要求体现几种常见的联系方式。

表 2-4

联系方式	常见方式
客服旺旺	售前一号客服、售前二号客服、售后客服
客服电话	400 123 4567　12345678912
电子邮箱	zhansan@ 163. com
地址	广东省广州市××区

8. 服务保障

服务保障包括质量承诺、售后维修、会员优惠等信息，这些信息既能给顾客安全感，也能用返利的方式来增加店铺的黏性，如京东的售后保障：

本产品全国联保，享受三包服务，质保期为：一年质保。

如因质量问题或故障，凭厂商维修中心或特约维修点的质量检测证明，享受 7 日内退货，15 日内换货，15 日以上在质保期内享受免费保修等三包服务（注：如厂家在商品介绍中有售后保障的说明，则此商品按照厂家说明执行售后保障服务）。

任务 7 商品发布

任务描述

1. 使用各种方式发布商品

2. 使用淘宝助理发布商品

与传统零售方式不同，网络零售的商品是以网页的形式来展示，顾客是通过搜索商品名称→比较商品图片→了解商品介绍这样一个流程来寻找和选择商品的，因此，商品发布是网店日常运营的主要工作内容之一，也是最重要的工作步骤。

一、发布一口价商品

（1）进入“我是卖家”—“发布宝贝”。

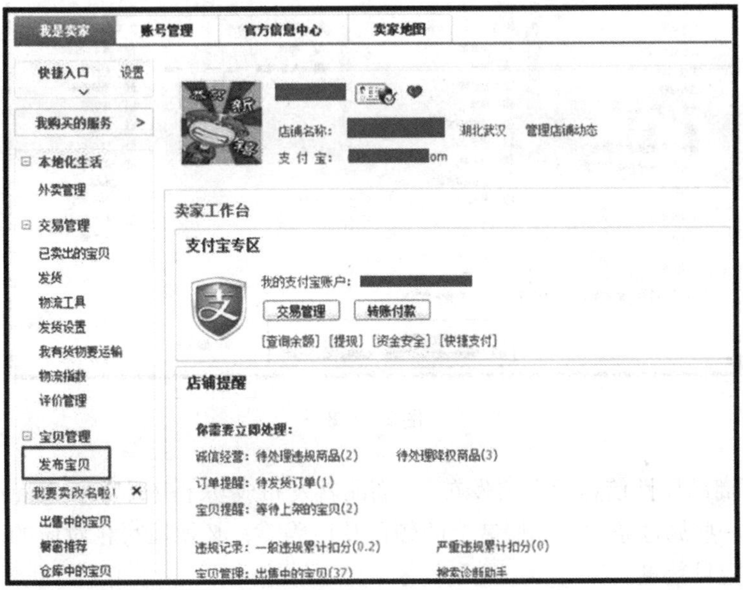

图 2－126

（2）默认显示“一口价”方式。

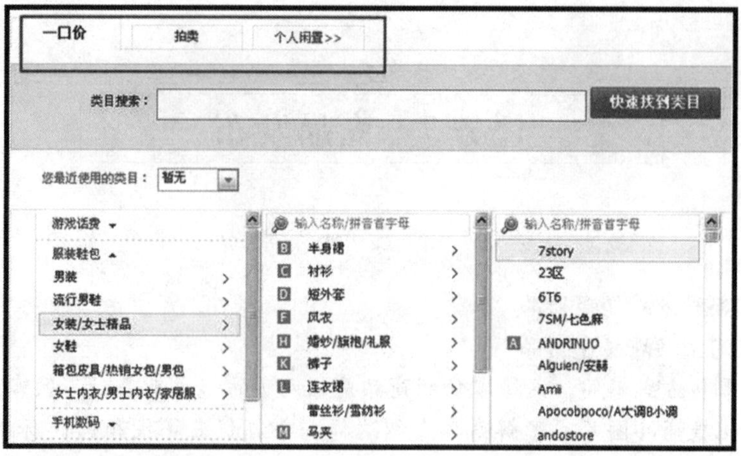

图 2－127

（3）选择商品所属类目后点击“我已阅读以下规则，现在发布宝贝”。

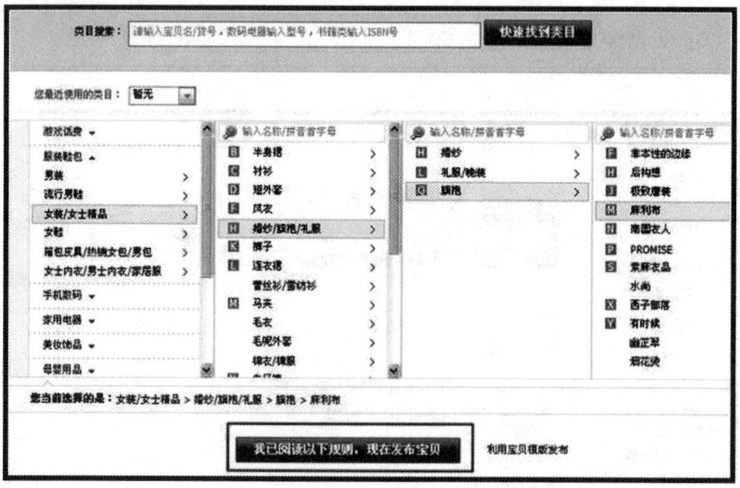

图 2－128

（4）填写商品属性信息后点“发布”，商品就发布成功了（注意：在商品编辑页面如选择了宝贝的一些属性条件，如服装类的颜色及尺码等，必须填写相对应的数量，且数量之和必须等于宝贝数量）。

图 2－129

二、使用淘宝助理发布商品

淘宝助理是一款提供给淘宝卖家使用的免费、功能强大的客户端工具软件，它可以不登录淘宝网就直接编辑宝贝信息，快捷批量上传宝贝。其强大的批处理功能省去了卖家上传和修改商品信息等的大量时间，大大提高了开店效率，从而使卖家有更多的时间关注经营和其他工作。

1. 下载和安装淘宝助理

首先，登录 http：//zhuli. taobao. com/，点击“立即下载”按钮，然后点击“保存”，将执行文件下载到本地机器上。最后双击安装文件，并点击运行（注意：淘宝助理请尽量从淘宝网上下载，因为在其他网站下载，不排除带有病毒或者木马的风险）。

图 2－130

开始进入安装向导，点击“下一步”；点击“我接受”许可协议；接下来选择安装目录，可以点击“浏览”修改安装目录。默认的路径是：C：\ Program Files \ 淘宝网 \ 淘宝助理\。点击“安装”，开始进入程序安装过程，请耐心等待几秒钟；程序安装完毕，点击“完成”，整个安装过程结束。

2. 登录淘宝助理

（1）在桌面双击淘宝助理的图标，或者点击“开始”→“所有程序”→“淘宝网”→“淘宝助理”，系统将显示淘宝助理的登录界面。

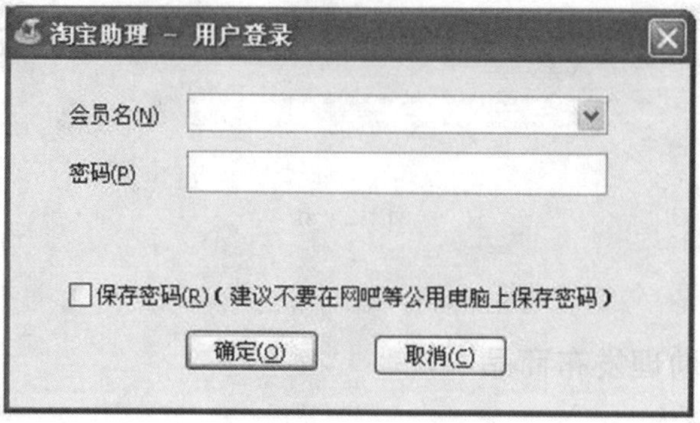

图 2－131

（2）如果是首次使用淘宝助理，系统将会有以下的提示：“你没有在本地登录过，接下来需要连接到服务器进行身份验证才能登录，你希望继续吗”，选择“是”，输入淘宝账户和密码，点击“确定”。密码验证成功后，系统将显示淘宝助理的主界面。这时系统将会自动同步宝贝属性，无须手工同步。

3. 用淘宝助理发布商品

（1）进入淘宝助理后选择“宝贝管理”，然后选择“创建宝贝”。

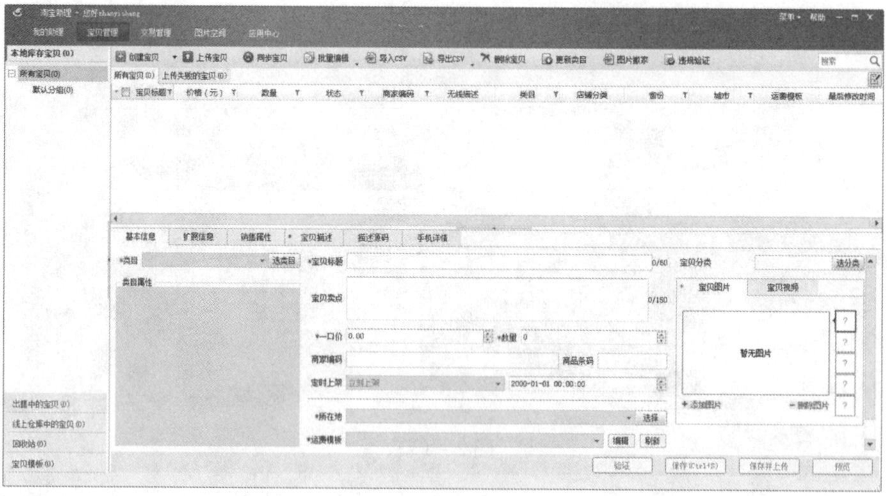

图 2－132

（2）填写内容：第一页基本信息。

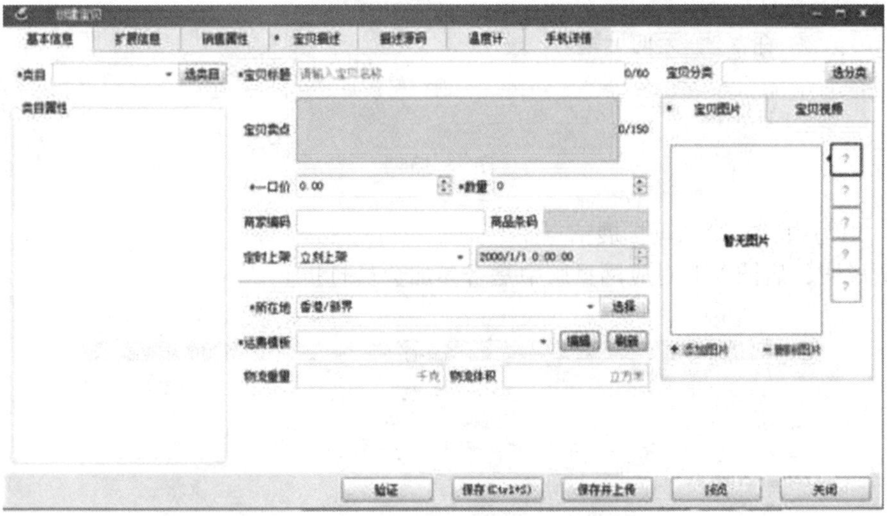

图 2－133

标＊的为必填项目，首先选择类目；其次填写宝贝标题（宝贝分类为店铺自己设置的分类，方便管理产品）；价格和数量可以在销售属性中填写，第一页就会自动填充了；商品编码建议填写，方便卖家查找；定时上架有两个选项，“立即上架”和“进仓库”，卖家可以根据自己的需求自主选择；所在地及运费模板，根据自己的情况选择；宝贝图片即宝贝主图，卖家可以将图片上传到图片空间，也可以本地上传。

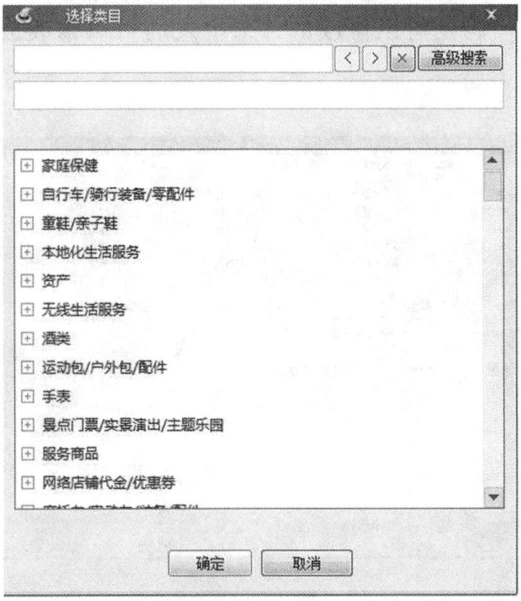

图 2－134

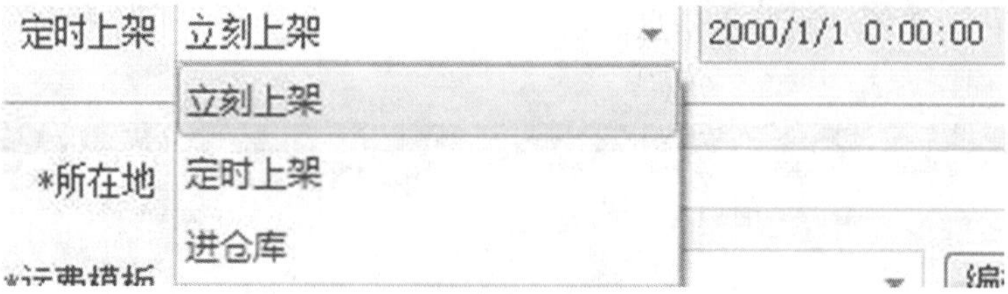

图 2－135

（3）填写内容：第二页扩展信息。

本页说明：店铺 VIP 对应网页版中是否参加会员打折。

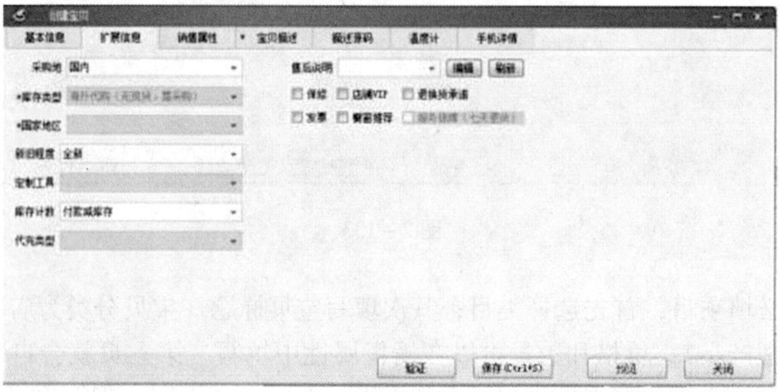

图 2－136

（4）填写内容：第三页销售属性。

只有第一页填写好了，销售属性才会出现内容，销售属性中填写产品颜色、尺码、数量、价格；其中颜色和尺码是可以修改的，选中之后可以修改成卖家需要的颜色或者尺码。

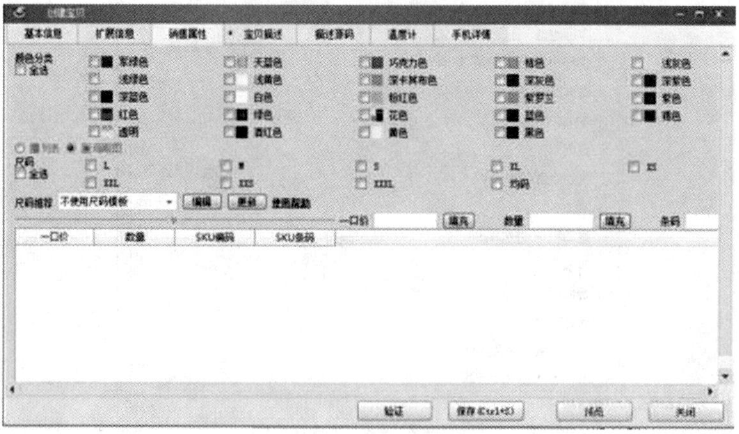

图 2－137

（5）填写内容：第四页宝贝描述。

此页主要填写产品说明及添加产品图片。

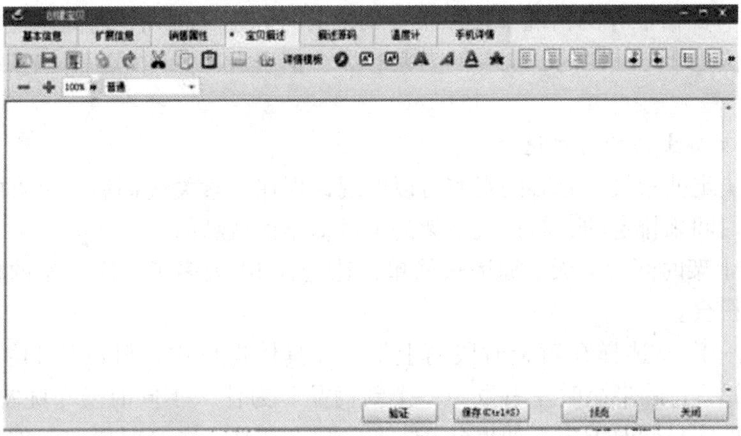

图 2－138

（6）填写内容：第七页手机详情。

此页主要内容和宝贝描述相同，主要是方便手机用户查看。

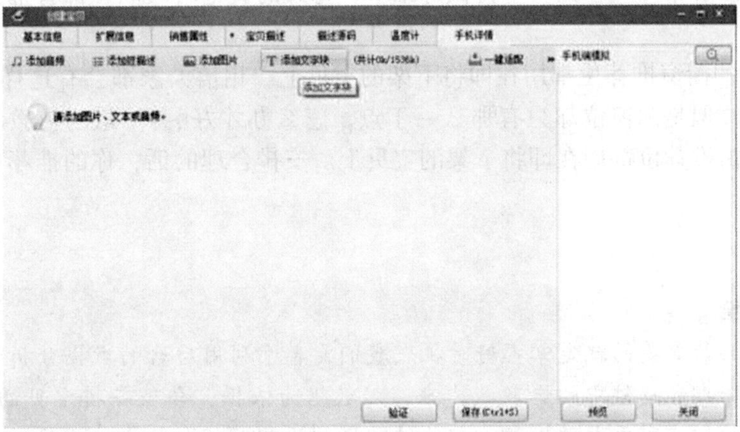

图 2－139

注意事项：使用淘宝助理发布宝贝，有可能出现宝贝图片未发布成功的现象。

三、淘宝宝贝的发布技巧

开网店，最大的心结就是如何能让宝贝排名靠前，有好的排名是带动网店流量最有效的方法。其实，发布宝贝也是技术活。下面介绍淘宝宝贝发布的技巧。

1. 淘宝网宝贝排列的前后顺序

（1）有橱窗推荐的宝贝比没有橱窗推荐的宝贝排在前面（在都有橱窗推荐的情况下按照宝贝剩余的时间多少排列）。

（2）都没有橱窗推荐的情况下按照宝贝剩余的时间多少排列，时间越短，排列越前。

橱窗推荐位是十分重要的，淘宝网卖家参加"消费者保障计划"可以获得五个永久的推荐位。

2. 淘宝店宝贝上架的时机选择

上架时间决定搜索量。有心的卖家可以发现，现在搜索关键词后，宝贝的位置是按宝贝下架的剩余时间来排定的，越接近下架的宝贝，排得就越前。

（1）选择上架时间为 7 天。原因很简单，比选择 14 天多了一次下架的机会，可以获得更多的宣传机会。

（2）商品一定要选择在黄金时段内上架。在具体操作中，可以从 11：00—16：00，19：00—23：00，每隔半小时左右发布一个新商品。为什么不同时发布呢？原因很简单，同时发布，也就容易同时消失。如果分开发布，那么在整个黄金时段内，你都有即将下架的商品可以获得靠前的搜索排名，带来的流量也肯定会暴增。

（3）每天都坚持在两个黄金时段内发布新宝贝，但这是最难做到的了，尤其是兼职卖家，而且还要有足够多的宝贝来支持这么做。这样做的原因也很简单，每天都有新宝贝上架，那么一周之后，也就每天都有宝贝下架，周而复始。对于宝贝数量比较多的卖家，在其他时段也可以发布一些，只要坚持做好细节，每天的黄金时段内，都有宝贝获得最佳的宣传位置。

（4）所有的橱窗推荐位都用在即将下架的宝贝上。相信大家都会有这样的体会："我的宝贝太多了，但是橱窗位却只有那么一丁点，怎么办才好啊？"最后再教你一招，那就是把所有的橱窗推荐位都用在即将下架的宝贝上。安排合理的话，你的推荐位就会发挥巨大的威力。

项目小结

发布商品最重要的就是掌握好时机。我们要善于利用后台的数据分析软件，把每天流量的高峰期和店铺中的爆款找出来。以数据为依据，合理安排宝贝的上架时间，以争取靠前的排名和更大的流量。需熟练掌握"淘宝助理"的各项功能，尤其是批量操作的功能。它可以帮助店主在离线的状态下编辑商品，并灵活分时段上架。

【思考与训练】

1. 申请淘宝账号，下载安装阿里旺旺。

2. 分组注册淘宝网店，完成以下任务：

（1）制作店标、店招，撰写店铺介绍。

（2）完成店铺"背景""店招""导航""分类""布局"的装修。

（3）协调整体装修风格，做细节调整。

3. 分组拍摄十种以上适合自己网店销售的商品，拍摄商品要求：

（1）商品信息完整，从不同角度反映商品的外貌，通过参照物大约显示商品大小。

（2）背景运用恰当，画面构图合理，色彩自然，亮度适宜，恰当使用辅助器材，展示三个角度以上。

4. 运用修图软件对上一任务拍摄的作业图片进行修图，适当调整相片的亮度、色彩、清晰度；背景不干净的图片进行抠图处理；批量加边框和水印。

5. 利用淘宝助理编辑商品的标题和描述，将编辑好的十件商品发布到自己的店铺中。请同学老师以顾客身份提意见，之后做出相应修改。

项目三　淘宝店铺管理

【学习目标】

1. 初步掌握网店进货渠道
2. 了解淘宝店铺常用商品包装
3. 初步掌握巧用商品包装提升人气的小技巧
4. 了解淘宝店铺发货应注意的问题
5. 了解淘宝客服工作
6. 了解处理淘宝商品纠纷的方式、方法

【学习任务】

1. 为淘宝店铺找货源
2. 了解常用商品包装方法
3. 熟悉淘宝客服工作
4. 处理淘宝商品纠纷

【总课时】

16 课时

任务 1　淘宝店铺找货源

任务描述：

1. 掌握淘宝店铺的进货渠道
2. 了解淘宝店铺找货源的注意事项

淘宝店铺开张了，怎样才能寻找到适合自己网店经营的货源是店主最关心的问题，掌握了物美价廉的货源，就掌握了网店经营成功的关键。

一、淘宝店铺的进货渠道

经商做生意，就是买卖商品并从中赚取差价的过程，网上开店之所以有空间，成本较低是重要因素，网店的进货渠道主要有以下九种，大家应根据自己的情况去选择适合的渠道，只有经过慎重的考虑，才能保证网店产品的持久性和利润的最大化。

1. 网上进货

随着电子商务的发展，网上进货必将成为一种主流的方式。进货门槛比较低，不需要有厂家关系，可以在网上找信息后，再跑相关批发市场，这对于老手甚至是皇冠级的卖家来说，也不失为一个很好的寻找货源的渠道，但应该注意的是现在有不少网站打着可以网上提供货源的名号，质量却参差不齐，有些甚至是钓鱼网站。网店寻找货源推荐阿里巴巴、衣联网等信誉较好、可以使用支付宝的网站。

图 3－1

2. 批发市场进货

这是最常见的进货渠道，如果是经营服装的网店，可以去周围一些大型的服装批发市场进货，在批发市场进货需要有强大的议价能力，力争将批发价压到最低，同时要与批发商建立好关系，在关于调换货的问题上要与批发商说清楚，以免日后起纠纷。如一起做网店（http：//17zwd.com/，简称“17 网”）是专业的网络批发货源平台，网站拥有广州、杭州、潮汕、东莞四大货源基地，涵盖男女装、童装、鞋包、配饰等在内的多种商品。截至 2014 年 1 月 1 日，入驻 17 网的实体供货商有 8 000 家，依托 17 网进货的卖家达 60 万，网站日均访问量达到 900 万次。17 网为客户提供最齐全的货源和贴心的开店应用工具。卖家不仅可以通过 17 网向批发商拿到最齐全、最新潮、超低价的网络爆款商品，也可以在 17 网上直接将宝贝一键上传到淘宝、阿里巴巴和拍拍等网站，开店方便快捷，且无库存压力。

图 3－2

3. 厂家直接进货

正规的厂家货源充足，信用度高，如果长期合作的话，一般都能争取到产品调换。但是一般而言，厂家的起批量较高，不适合小批发客户。如果有足够的资金储备，有分销渠道，并且不会有压货的危险，不怕压货，那就可以找厂家进货。基本不需要担心售后服务以及质量等问题，价钱也比较合理。如果连续上架一段时间都不好销售还可以换货，如佛山市小熊电器有限公司（http：//gzbear. cn. gongchang. com/）。

图 3－3

4. 批发商处进货

一般用 Google、百度等搜索引擎就能找到很多贸易批发商。他们直接由厂家供货，货源较稳定。不足的是他们已经做大了，订单较多，服务难免有时会跟不上。而且他们都有自己固定的老客户，很难和他们谈条件，只有成为他们的大客户后，才可能有折扣和其他优惠。在开始合作时就要把发货时间、调换货品等问题讲清楚。网上有较多批发贸易市场，如阿里巴巴（http：//www. 1688. com）。

图 3－4

5. 购进外贸产品或外贸尾货

外贸尾货是指许多工厂在完成外贸订单之外的剩余产品或者为一些知名品牌的贴牌生产之外的剩余产品，这些产品价格十分低廉，通常为市场价格的 2～3 折，品质做工绝对有保证，是一个不错的进货渠道。但一般要求进货者全部吃进，所以创业者要有经济实力。如阿里巴巴尾货市场。

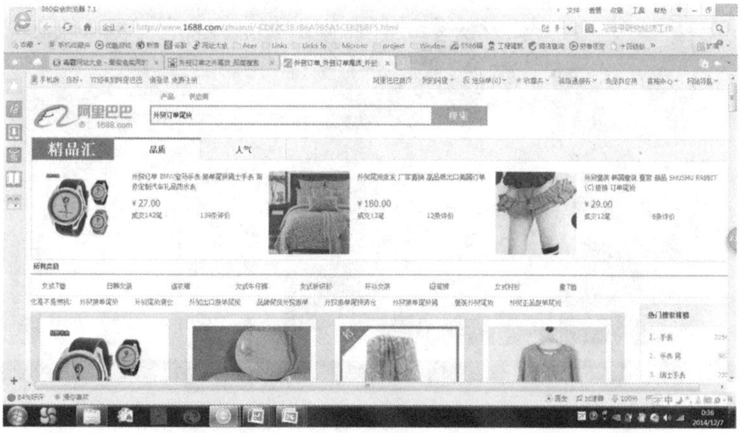

图 3－5

6. 吃进库存或清仓产品

由于商家急于处理，所以这类商品的价格通常极低。如果有较强的砍价能力和经济能力，可以用极低的价格拿下，从而转到网上销售，利用地域或时间差获得足够的利润。购进这些产品，一定要对质量有识别能力，同时能把握发展趋势并要建立好自己的分销渠道。如中国供应商（http：//product. cn. china. cn/）的清仓商品。

图 3-6

7. 网上代理

现在网上有很多代理网站，但不排除有骗人的，在选择的时候要慎重。最好是找本来就做实体批发的，这样可信度更高，如衣联网（http：//www.eelly.com/）开展直批（服装厂直接向服装店供货）业务的实体商家规模堪称全国之最，其数量已远远超过白马等实体市场。

图 3-7

8. 寻找特别的进货渠道

如果在海外有亲戚朋友，可以由他们帮忙，进到一些国内市场上买不到的商品或是价格较高的商品，如可以从日本进一些相机等数码产品，还可以从俄罗斯进一些工艺品。如果工作、生活在边境，还可以办护照，自己出去进货，这样商品就有特色或是价格优势。也可以在网上找代购网站进货，如韩国代购（http：//www.hanyouzan.com/main）。

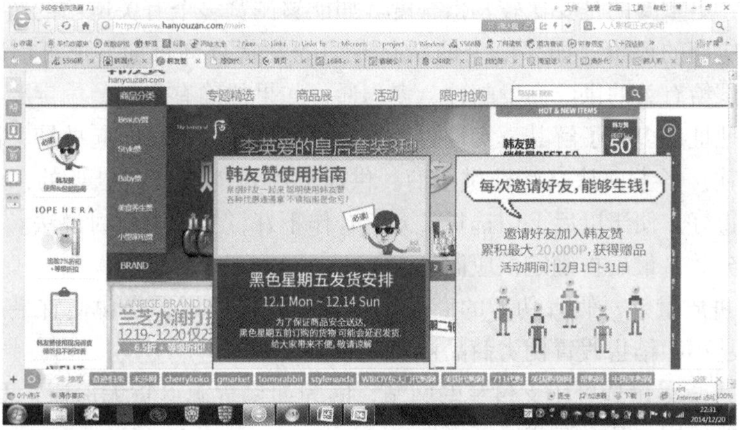

图 3－8

9. 网上代销

网上代销是个新鲜的事物，适合刚起步的朋友，同时要具有良好的服务意识。具体操作要求有一定挂网时间的人加入，把订单在网上直接以折扣的价格销售，由具体的代销商统一发货。这是把服务和零售分开的一种形式，对于小本经营的卖家而言，一定要把握投入少、起步稳、见效快的原则进行网上开店创业。阿里巴巴、衣联网等有名的进货网站都有做网上代销，在广州可以上 17 网了解一下。

图 3－9

二、注意事项

网店找货源进货或批发牵涉到的货款比较大，因此要格外谨慎小心，建议网店找货源注意以下事项：

（1）货比三家。因为网络终究是虚拟的，所以我们在比较价格、货品质量款式、批发数量等的同时，更重要的是要比较其信誉度。如能够浏览多个有关网站的留言板，看看其他人对有关供应商的评价。如果一个网站有专门的发货查询页面，那可信度又增加了几成，还可以尝试给有关的供应商发邮件，多沟通，如果的确有意向，一定要询问对方的固定电话和联系地址，多方了解其真实性再做决定，从货品、价格、起批量、售后服务（主要指退换货条款）各方面认真筛选供应商。供应商尽可能选离自己近的，可降低运输成本，如果合作得好，便于以后上门选货，万一合作不好，便于上门讨说法。给各候选供应商打一个综合分数，最后再确定供应商。

（2）不要进质量差、假冒伪劣的商品，质量差换来投诉多，贪便宜最后换来投诉一片，市场越做越小，销售假冒伪劣商品被发现还会被封店。

（3）网上进货尽量选可用支付宝的网站，因为如果货源退货无保证，万一出现问题，损失的是自己的信用，甚至造成经济损失。

任务2　各种商品包装方法

任务描述：

1. 了解包装的原则与要求
2. 熟悉包装材料的选择
3. 掌握不同商品的包装方法

一、包装的原则

开网店，在商品发货前必定要给商品打包装，然后通过物流公司发货，有的商品自带精美的盒子或者包装，而有的就只有简单的塑料袋包装，不管是哪种商品，都建议再重新做一层包装防护，以保证商品能够完好无损地送到买家手里。商品包装不规范，就容易导致在物流过程中把商品损坏，如果客户收到的商品是坏的，对网店的印象就极差了，一个好的包装，可以最大限度地把物流过程中磨损商品的风险降到最低。所以作为网店店主，一定要做好商品包装。包装商品应注意以下几个原则：

（1）保证商品包装在运输途中不易损坏，即做到防碰撞、防潮、防漏。

（2）尽量减少外包装的体积和重量，符合配送标准规定的最少运费要求。

（3）法律规定禁止运送的商品不能运送，如易燃易爆物品、有毒危险品、淫秽物品、盗版知识产权物品、古董、化工产品、不明粉末物品等。

（4）有些商品有特殊的运输要求，需要提醒配送人员在操作中特殊关注，以保证货物送达时完好无损，如易碎、易潮等商品，应在包装表面注明该商品在运输途中应注意的事项。

二、包装材料的选择

1. 内包装

内包装即最接近销售商品的那层包装材料。很多时候，销售的商品已有厂家供应内包装，常见的有下列几种。

（1）OPP 自封袋。

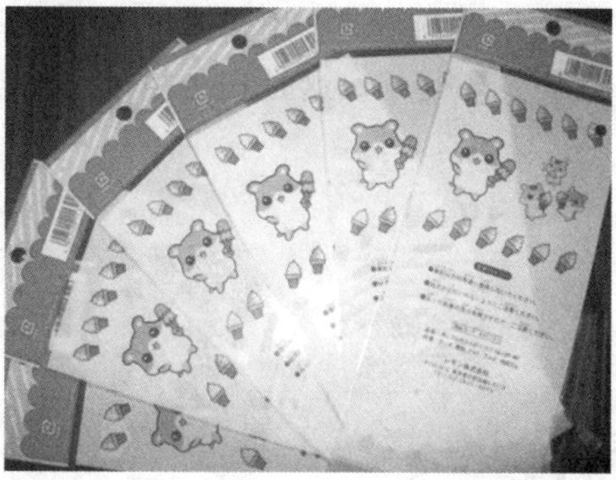

图 3－10

作用：保持商品整洁、增加商品美感。

优点：透明度特别好，显得干净、美观、上档次。

缺点：材料特别脆，比较容易破，而且不能反复使用。

适用范围：文具、小饰品、书籍、小电子产品等需要给人干净整洁、无须再次包装的商品。

使用方法：封口处自带一条粘胶，撕下覆盖膜一粘就粘上了，十分方便。

（2）PE 自封袋。

图 3－11

作用：防潮防水、防止物品散落。

优点：材料柔软、韧性好、不易破、可反复使用。

缺点：透光度一般。

适用范围：邮票、明信片、小样化妆品、纽扣、螺丝、小食品等需要归纳在一起或经常要取的商品。

使用方法：封口处有一条凹凸带子，轻轻一按或撕开就能闭合。

（3）热收缩膜。

热收缩膜顾名思义就是遇到热就收缩的薄膜，就是大家平时看到的桶装方便面外面的那层薄膜。一般淘宝卖自产食品、小玩具等会用到。用一些保鲜膜把食物包裹起来，再用吹风机热风吹，保鲜膜就会紧紧缩起来，这是相当简单的抽空方法，可以保证食品的新鲜。

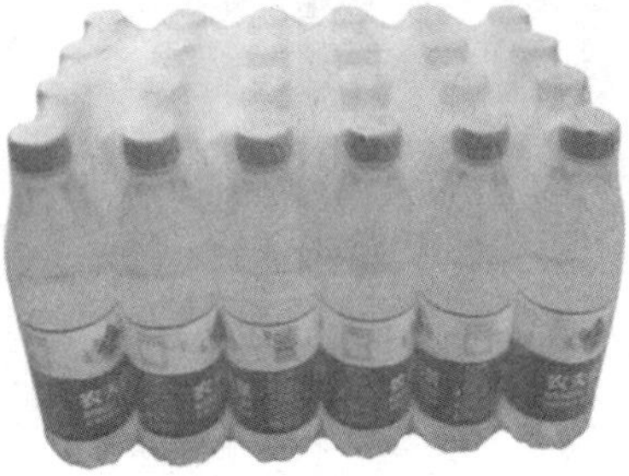

图 3－12

图 3－13

2. 中层包装（填充层）

中层包装就是产品和箱子之间的空隙的填充材料。

（1）气泡膜。

气泡膜就是保护商品，防震、防压、防刮花的最好材料，适用于电子数码产品、化妆品、工艺品及家电家具、玩具等。

（2）珍珠棉、海绵。

珍珠棉和海绵适用于玻璃制品、手机、数码产品等商品的防刮花和防潮，也有防震作用。

图 3－14

图 3－15

（3）其他填充材料。

最低廉的就是报纸、网格棉、碎纸条、纸屑等，可根据自己的商品特色来选择，利润大的可以选择稍微高档的材料，利润少的可以选择报纸、纸板等，只要包装整齐即可。

3. 外包装

外包装直接决定买家拿到商品后的第一感觉，常用的外包装材料如下：

（1）纸箱。

纸箱分为瓦楞纸箱和无楞纸箱，瓦楞纸箱又分为三层、五层、七层甚至更多，纸类分为 K、A、B、C，邮政和网上销售的绝大多数纸箱都是瓦楞纸箱，装电脑配件一般也用瓦楞纸箱。

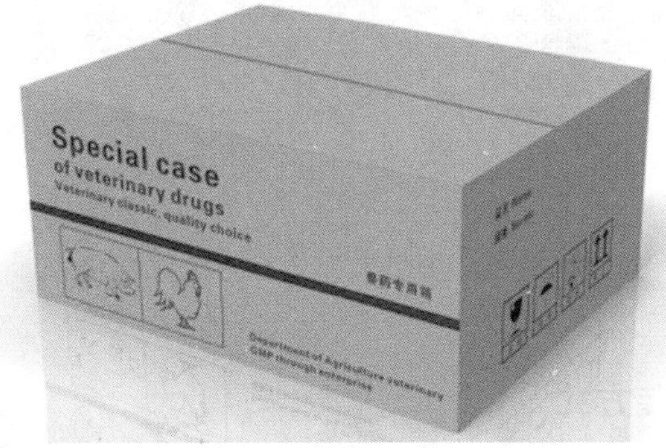

图 3 – 16

（2）袋子。

外包装的袋子有布袋、编织袋及邮政复合气泡袋三种。纯棉白布袋韧性好、美观，适合装不怕压的东西，如书、衣服、床品等，但布袋的缺点是不防水。编织袋又称“蛇皮袋”，很结实，适用于装大件柔软的东西。邮政复合气泡袋是最高档的一类外包装袋子，里面是非常厚的气泡，防震效果好，外观美观，价格较高。

图 3 – 17

（3）纸类。

纸类一般适用于书籍等印刷品，印刷品可以用牛皮纸包起来，也可以装在普通牛皮信封里。牛皮纸比牛皮信封便宜。

图 3－18

三、不同商品的包装方式

1. 易变形、易碎的产品

这一类产品包括瓷器、玻璃制品、CD、茶具、字画、工艺品等。

这类产品包装时，四周要多用报纸、泡沫塑料或者泡绵、泡沫网等充分填充，以防震。另外，在填充时尽量多用聚乙烯的材料而少用纸壳、纸团，因为纸较重，而塑料膨胀效果好，质量又轻。

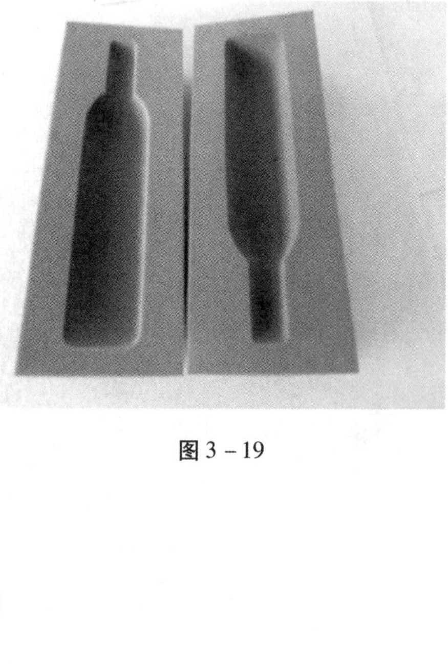

图 3－19

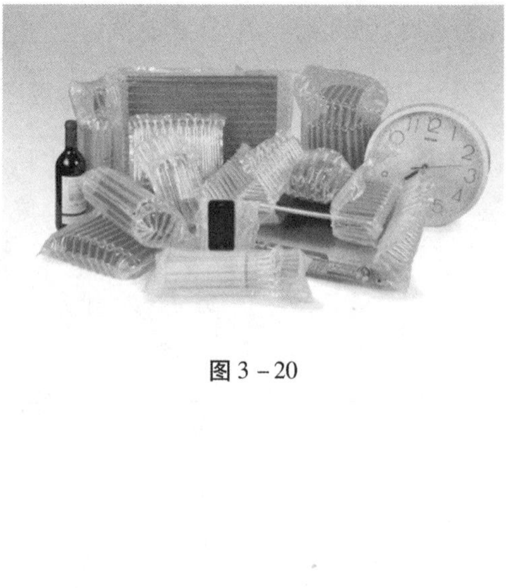

图 3－20

2. 首饰类产品

（1）首饰类产品需要附送首饰袋或首饰盒，且用纸箱包装。对于首饰来说，3层的12号纸箱就够了。

（2）以报纸或泡沫等其他填充物填充，以便让首饰盒或首饰袋在纸盒里不晃动。

（3）纸箱四个角用胶带包好可以防止其他液体渗透进来，也可以更好地防止撞击。

（4）可以的话，再附送一张产品说明书。

图3－21

3. 衣服、皮包、鞋子类商品

这类商品在包装时可以用不同种类的纸张（牛皮纸、白纸等）单独包好，以防脏污。如果要用报纸的话，里面还应该加一层塑料袋。遇到形状不规则的商品，如皮包等，可预先用胶带封好口，再用纸包住手提袋并贴胶带固定，以减少磨损。

邮寄衣服时，要先用塑料袋装好，再装入防水防染色的包装袋中；用布袋邮寄服装时，宜用白色棉布或其他干净整洁的布。

图3－22

图3－23

4. 液体类产品

邮局对液体类产品有专门的邮寄办法：先用棉花裹好，再用胶带缠好。在包裹时一定要封好割口处，可以用胶带使劲绕几圈，然后再用棉花整个包住，最后再包一层塑料袋，这样即使液体漏出来也会被棉花吸收，并用塑料袋做最后的隔离。

5. 贵重的精密电子产品

贵重的精密电子产品包括电话、手机、电脑等。

在对这类怕震动的产品进行包装时，可以用泡绵、气泡布、防静电袋等包装材料把物品包装好，并用瓦楞纸在物品边角或者容易磨损的地方加强包装保护，并且要用填充物（如报纸、海绵或者防震气泡布这类有弹力的材料）将纸箱空隙填满，这些填充物可以起到阻隔及支撑物品的作用，吸收撞击力，避免物品在纸箱中摇晃受损。

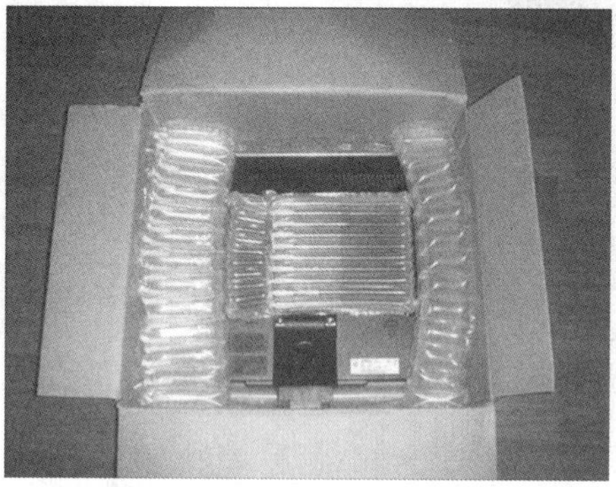

图 3－24

图 3－25

6. 书刊类

书刊类商品的具体包装过程如下：

（1）用塑料袋套好，以免弄脏，同时可以防潮。

（2）用报纸中夹带的铜版纸做第二层包装，以免书籍在运输过程中被损坏。

（3）外层用牛皮纸、胶带进行包装。

（4）如打算用印刷品方式邮寄，则四周都要用胶带贴好，但要在包装上留出贴邮票、盖章的空间；用包裹邮寄方式则要用胶带全部封好，不留一丝缝隙。另外，还可以在书刊上打“井”字绳。

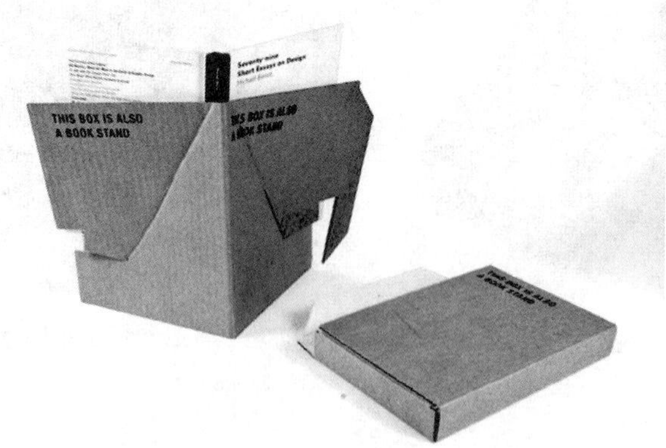

图 3－26

任务3 巧用商品包装提升人气

任务描述：

掌握利用商品包装提升人气小技巧

内中外包装三步就已经完成了一个商品的包装，但是要想在激烈的竞争中区别于对手，提升自己的商品形象，就需要完善商品的延伸价值，下面的一些小技巧可以帮助提升人气。

1. 在包装上贴警示标语

这个几乎不增加成本的小东西能够体现卖家的细腻，是拥有更多老顾客的好帮手。如果是发快递，而所发的东西比较容易压坏，那么在内包装使用气泡膜的同时，还可以使用这种带提示语的白色封箱带，既能提示快递员轻拿轻放，又能让买家感觉到卖家工作的细致。

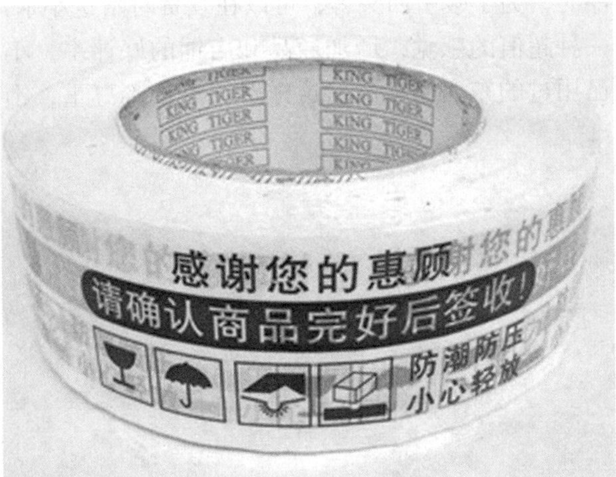

图3－27

2. 制作店铺名片

为自己的店铺印制一张具有个性的名片，给买家包装商品时不妨塞进几张，如果名片制作得比较精美，并且名片提供的内容对消费者有吸引力，也许会被对方收藏，还有可能推荐给别人，那么他的朋友很可能就是下一位顾客。名片上需要印制的内容包括店名、店铺网址、卖家姓名、联系方式（电话、QQ、电子邮箱）、经营宗旨、经营范围等。

图 3－28

3. 赠送小礼品

在给买家邮寄商品时，为了吸引回头客，可以在发货时赠送小卡片、小饰品之类给买家，这可以让买家有一种超值的感觉，增加商品和店铺的好评率。小礼品只要实用就好，但切记千万不要把自己用过的东西当礼品，这样对买家很不尊重，不但收不到好的效果，还可能适得其反。

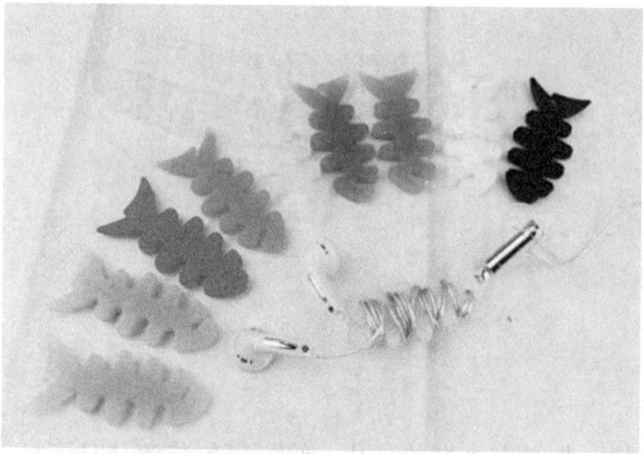

图 3－29

4. 问候小卡片

现代社会通信发达，人们的沟通方式已经从过去的信件、电话扩展到短信、电子邮件、视频等。很多人已经好多年没有收过信件了。所以，在邮寄商品的同时，附加一张温馨的小卡片，必定会唤起很多人熟悉的感觉，增加顾客对卖家的好感。

图 3－30

5. 商品说明或产品使用小提示

可在包裹中加上商品说明或者产品使用小提示。对于比较复杂的商品，如果在包裹中有针对性地写一些提醒资料，如不同质地衣服分别要怎么洗，要注意什么，不穿时应该怎么收纳等，如衣服的扣子是机器钉扣的，容易掉，可提醒买家拿到衣服时最好再把扣子重钉一下。再如顾客可能对一些专业器材不熟悉，所以最好附送一份使用说明，这样不但能赢得顾客的好感，也可以减少很多接待咨询的工作量，会让顾客感到卖家很人性化、很贴心，从而成为网店的老顾客，甚至带来新顾客。

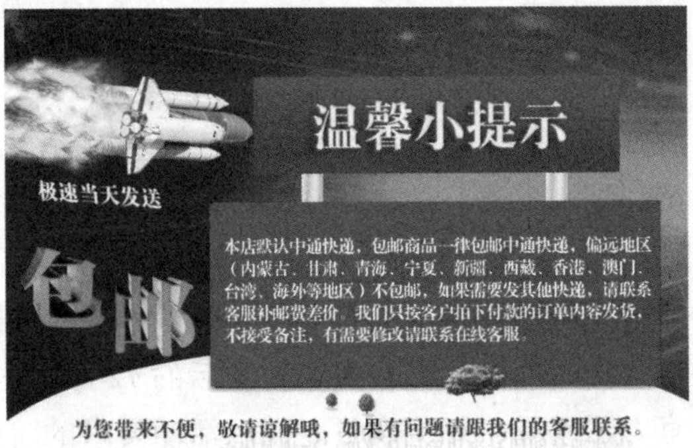

图 3－31

6. 热卖商品介绍

不是每个买家都会十分耐心地看卖家店里的所有商品，所以在快递商品时，也可以送上一份店铺的商品介绍，可以是店铺里最热销的商品，也可以是新上架的商品，将其整理成一个小小的推荐表。

图 3－32

任务4　发货应注意的问题

任务描述：

在淘宝开店，如果买家拍下宝贝，发货应注意哪些问题呢？

下面从几个方面谈谈发货应注意的问题。

一、发货时间、发货地址、发货物流

为了保障交易的顺利完成，让买家尽快收到商品，避免因发货问题导致的交易纠纷，在发货时需要遵守以下几项要求。

1. 发货时间

（1）若与买家自行约定发货时间的，需在买家付款约定的时间内发货。

（2）若与买家未约定发货时间的，需在买家付款后的72小时内进行发货。

（3）若加入了某些官方活动的，相应发货时间以活动要求的时间为准。

同时注意，发货时间是以快递公司系统内揽件记录的时间为准。若买家在还未发货的时间已经申请了退款，卖家想继续发货的，须先征得买家的同意；若逾期发货，或者未经买家同意在买家申请退款后强行发货的，应当追回发出的商品，但买家已经签收并且确认收货的除外。

2. 发货地址

应当按照订单约定的收货地址进行发货（与买家另行约定新收货地址进行发货的除外），同时需要把商品送到买家的收货地址，如果商品要买家到指定的地点自提的，必须在发货之前明确告知买家并征得买家的同意。

3. 发货物流

（1）需要选择有揽收和签收凭证的运输方式发货，买家要求使用没有揽收和签收凭证的运输方式（以下简称“平信方式”）发货的，必须在发货前通过阿里旺旺明确告诉买家使用平信方式发货存在的风险；若买卖双方采用当面交付商品的方式进行交易的，应当自行承担因此产生的风险。

（2）如果买家约定了特定的承运人（如物流公司）运送商品的，应当按约定进行委托。

（3）未经买家明确同意，不得使用到付方式（指在委托承运人时不支付运费，而由收货人在收货时向承运人支付运费的运输方式）委托承运人（如物流公司）发货。

如果卖家违反了上述任一要求，买家有权拒收商品，相应损失需要由卖家承担，所以必须重视。

二、发货问题的处理原则

（1）如果违反了上述几项要求，导致买家没收到商品、拒收商品或者签收后退回的，交易淘宝做退款处理，运费由卖家承担。

（2）若未向买家提示风险而使用平信方式发货的，交易做退款处理。

（3）若买卖双方采用当面交付商品的方式进行交易，因买家未收到货产生争议的，交易做退款处理，但卖家可以证明买家自认收到商品的除外；因商品表面不一致产生争议的，交易做打款处理，但买家可以证明卖家自认商品存在表面不一致的除外。

（4）如能提供有效凭证证明买家已收到货，且买家未提出其他异议的，淘宝将把钱款支付给卖家。

三、发货问题的举证

如买家表示卖家没有按照发货时间要求进行发货的，淘宝将依据快递系统内揽件记录的时间信息进行判定。如有异议的，可按照淘宝要求提供相关物流公司公章证明证实卖家的实际发货时间（天猫另有规定的从其规定）。如买家表示卖家是其申请退款后强行发货的，可按照淘宝要求提供发货前征得买家同意的阿里旺旺聊天记录给淘宝客服，以便淘宝核实。

如买家表示没有收到货物而卖家确定已发货的，请按要求提供相应发货凭证（如发货单等）以及买家已签收货物的凭证（如买家本人签收底单或买家授权第三方签收的物流公司公章证明等）给淘宝客服，以便淘宝核实处理。

如买家表示没有同意或者主动要求卖家使用到付或平信方式进行发货，而卖家却表示是征得买家同意或买家主动要求采用此类方式发货的，须按照淘宝要求提供与买家约定一致的阿里旺旺聊天记录给淘宝客服，以便淘宝处理。

四、发货问题相关的运费争议

交易中的运费争议，根据“谁过错，谁承担”的原则处理，但买卖双方协商一致的除外。

五、重要注意事项

如何才能避免出现发货问题的争议呢？

买卖双方应当在交易前对商品情况、交易过程进行详细、清晰明确的约定。

解决方案：在发货前与买家确认好发货地址、发货物流、发货时间等约定项，以免产生不必要的纠纷。

在举证时，卖家需要提供的凭证具体是什么？

（1）发货时间证明：物流公司出具的揽件证明（需写明快递单号、揽件时间）同时需要盖有物流公司的公章。

（2）发货时物流公司给的快递发货单（一般为发件联）。

（3）与买家关于该笔订单发货约定情况的阿里旺旺聊天记录截图或举证编号。

六、常见问题及解决方案

（1）如果买家说卖家违反了发货的要求，该怎么办？

①如果买家收到商品后针对发货问题提出了异议，卖家须积极主动地做好售后服务，自行与买家协商解决争议问题。

②同时卖家应核实是否违反了相关要求，如果违反了，须主动联系买家进行处理。

③若以上两项卖家都没有去做，买家申请了淘宝介入，淘宝会根据买卖双方举证情况处理。一旦淘宝判定卖家确实违反了发货要求的，交易支持买家退款或退货退款，并且来回的运费也需要卖家承担。

（2）买家拍下了一件衣服选择了L号，但在订单留言中备注要M号，直接付了款也没有联系卖家，卖家联系买家确认究竟要哪个码数，但一直联系不上，这个时候该怎么发货呢？

原则上，卖家可以以订单上的信息为准进行发货；但若后续卖家与买家通过阿里旺旺重新约定了需要发货的衣服的码数的，则以与买家重新约定的信息为准。因此若遇到这样的情况，建议先与买家联系，确认一致后进行发货。

（3）卖家已经按照发货要求进行发货了，可是买家说没有收到，该怎么办？

①如果买家说没有收到商品，卖家须积极主动做好售后服务，自行和买家协商解决该争议问题。

②同时卖家须及时联系物流，核实商品签收情况，确定买家是否收到商品。如物流表示无法确认买家收到商品的，建议卖家及时退款给买家，同时找物流公司进行索赔。

③如卖家未及时处理，买家申请了淘宝介入，淘宝介入后会根据双方提供的凭证核实处理。一旦淘宝判定是卖家或者物流的原因导致买家没有收到商品，交易支持退款给买家，并且相应运费以及商品损失的风险需要卖家承担。

（4）卖家和买家是当面交易的，买家说没有收到商品，卖家该怎么办？

如卖家和买家采用了当面交易的方式，相关的风险需要卖家自行承担；买家说没有收到货，且卖家也无法提供凭证证实买家收到货物的，淘宝将做退款处理。

任务5　淘宝客服工作

任务描述：

1. 客户服务的分工

2. 淘宝买家行为分析

网店客服是针对网店的一种服务形式，通过网络、网店，提供给客户解答和售后等的服务。目前网店客服主要是针对淘宝网、拍拍网、易趣网等网购系统，如淘宝网网店客服就是阿里软件提供给淘宝掌柜的在线客户服务系统，旨在让淘宝掌柜更高效地管理网店、及时把握商机，从容应对繁忙的生意。

一、认识网店客户服务的重要性

网店的客服，在网店的推广、产品的销售以及售后的客户维护方面均起着极其重要的作用，不可忽视。要做好网店客服，首先要了解网店客服的重要作用和意义。网店客服的作用包括以下几点：

1. 塑造店铺形象

对于网店而言，客户看到的商品都是一张张的图片，既看不到商品本身，也不能通过商家本人来了解商品的各种实际情况，因此往往会产生怀疑和距离感。这个时候，客服就显得尤为重要了。通过与客户在网上的交流，可以让客户逐步了解商家的服务态度以及其他。客服的一个旺旺表情笑脸或者一句亲切的问候，都能让客户真实地感受到在与一个善解人意的人沟通。这样会帮助客户放松刚开始的戒备，从而在客户心目中逐步树立起店铺的良好形象。

2. 提高成交率

很多客户都会在购买之前针对不太清楚的内容询问商家，或者询问优惠措施等。客服如果能及时地回复客户的疑问，可以让客户及时了解需要的内容，从而立即达成交易。

3. 提高客户回头率

当买家在客服良好的服务下完成了一次交易后，买家不仅了解到卖家的服务态度，也对卖家的商品、物流等有了切身的体会。当买家需要再次购买商品的时候，就会倾向于选择他所熟悉和了解的卖家，从而提高客户再次购买几率。

二、网店客户服务的分工

网店客服一般分为售前、售中、售后客服。

1. 售前服务

关键词：亲切、热情、礼貌、专业、灵活。

网店的售前客服相当于销售人员，主要工作是解决在顾客拍下宝贝之前遇到的各种问题。顾客对一家店铺的初始印象和服务意识的判断，直接决定接下来的购买行为。其中最直接的感受是通过售前客服的态度和沟通技巧来传递的。

售前以热情、礼貌的态度，再配合亲切的语气、适宜的表情能迅速拉近与顾客的心理距离。但仅有热情还不够，比热情更重要的是专业。售前客服至少要列出顾客常问的50个问题，以备顾客的各种询问，并能做到快速回答。售前客服的专业性体现在，对宝贝的尺寸、颜色、价格、规格、参数、功能、质地、属性、用途、使用说明、注意事项、细节说明等问题都熟记于心。如果让客服亲自试用宝贝，把真实感受反馈给顾客，在专业性的基础上又附加了生动性和真实性，会进一步促进成交！

专业的客服只有具备良好的沟通、应变能力，才能不断提升店铺的形象和成交率。在这个基础之上，售前始终要保持热情不减，形象比喻为“顾客烦你千百遍，你对顾客如初恋”。

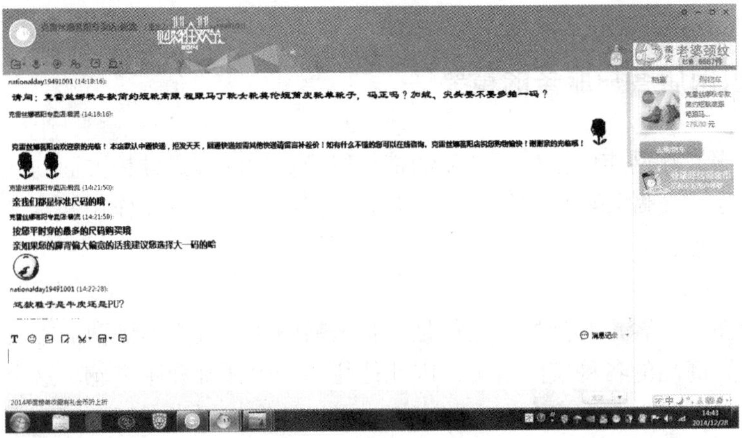

图3－33

2. 售中服务

关键词：热情、周到、贴心、细心、耐心。

顾客拍下宝贝到确认收货之前的过程称为“售中服务”，主要包括顾客付款、支付流程、要求备注、快递、发货、顾客交易评价、确认收货过程的所有问题。

如果说热情、礼貌、专业的售前服务给顾客留下了良好的印象，那么体贴、周到的售中和售后服务才是顾客对店铺产生信任感的真正开始！

售中的服务要有足够的耐心，顾客会认为自己是上帝，偶尔会提出一些额外甚至是苛刻的要求，客服应该在不失原则的情况下，尽可能满足。

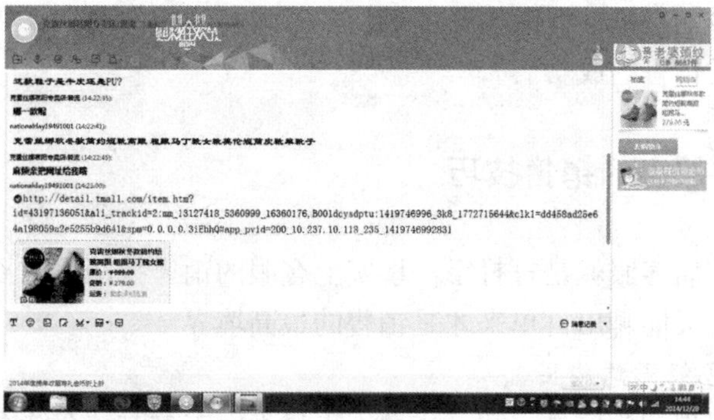

图 3－34

3. 售后服务

关键词：真诚、倾听、沟通、宽容、理解。

售后服务就是在顾客收到商品后，在使用的过程中，关于退换货以及中差评、投诉纠纷交易的处理等各个环节的服务。

顾客购买产品后，只要在使用中出现了问题，就会对客服进行抱怨，这时客服人员首先要做的是稳定顾客情绪。客服人员应详细询问顾客遇到的状况，并详细记录下来，分析出现问题的原因。如果找不出问题发生的原因，就要一一排除不可能出现问题的状况。要耐心、细心地解答顾客的疑问。多用笑脸表情，让客户真正体会到你是在诚心诚意地为他解决问题。

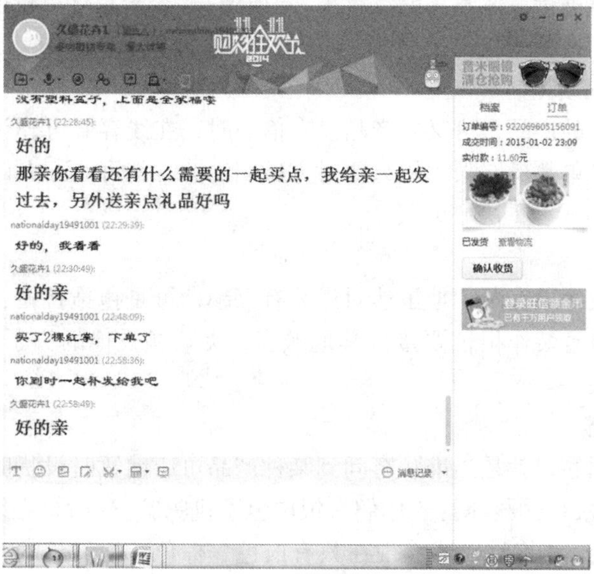

图 3－35

售后客服最重要的是处理顾客的情绪，顾客的情绪有可能很亢奋或者愤怒，要耐心倾听，适当安抚顾客情绪。当顾客不再生气的时候，做出相应的解释表明自己诚恳的态度，再赔礼道歉。有纠纷就有机会，顾客花了那么多时间跟我们沟通，如果转化成为忠实顾客甚至交了朋友，就是销售的成功。

三、网店客户服务的销售技巧

很多人认为，网店客服就是打打字，事实上客服的销售技巧很重要，可不是和顾客聊聊天而已，跟顾客聊天能聊出订单来才是销售的最高境界。

1. 假定准顾客已经同意购买

当准顾客一再出现购买信号，却又犹豫不决拿不定主意时，在线客服可采用“二选其一”的技巧。譬如，在线客服可对准顾客说：“请问你要那部浅灰色的手机还是银白色的呢？”或是说：“请问物流是发中通还是需要发其他公司的呢？”此种“二选其一”的问话技巧，只要准顾客选中一个，其实就是帮他拿主意下决心购买了。

2. 帮助准顾客挑选

许多准顾客即使有意购买，也不喜欢迅速下订单，总要东挑西拣，在产品颜色、规格、式样、交货日期上不停地打转。这时，聪明的在线客服就要改变策略，暂时不谈订单的问题，转而热情地帮对方挑选颜色、规格、式样、交货日期等，一旦上述问题解决，订单也就落实了。

3. 利用“怕买不到”的心理

人们常对越是得不到、买不到的东西，越想得到它、买到它。在线客服可利用这种“怕买不到”的心理来促成订单。譬如说，在线客服可对准顾客说：“这种产品只剩最后一个了，短期内不再进货，你不买就没有了。”或说：“今天是优惠价的截止日，请把握良机，明天你就买不到这种折扣价了。”

4. 先买一点试用看看

准顾客想要买你的产品，可又对产品没有信心时，在线客服可建议对方先买一点试用看看。虽然刚开始订单数量有限，但只要对方试用满意，就可能下大订单。这一“试用看看”的技巧也可帮准顾客下决心购买。

5. 欲擒故纵

有些准顾客天生优柔寡断，他虽然对产品有兴趣，可是拖拖拉拉，迟迟不作决定。这时，在线客服不妨故意装作很忙要接待其他顾客，无暇顾及他的样子。这种很忙的举动，有时会促使对方下决心。

6. 反问式的回答

所谓反问式的回答，就是当准顾客问到某种产品可店铺暂时没货时，就得运用反问来促成订单。举例来说，准顾客问：“你们有银白色手机吗？”这时，在线客服不可直接回答没有，而应该反问道：“抱歉，我们现在只有白色、棕色、粉红色的，这几种颜色里，你比较喜欢哪一种呢？”

7. 快刀斩乱麻

在尝试上述几种技巧后仍不能打动对方时，在线客服就得使出撒手锏，快刀斩乱麻，直接请准顾客下订单。可以直截了当地对他说："如果你不想错过好东西的话，就快下单吧！"

8. 拜师学艺，态度谦虚

在客服费尽口舌，使出浑身解数都无效，眼看这笔生意做不成时，不妨试试这个方法。譬如说："虽然我知道我们的产品绝对适合你，可我能力太差了，无法说服你，我认输了。不过，请你指出我的不足，让我有一个改进的机会好吗？"像这种谦卑的话语，不但很容易满足对方的虚荣心，而且会消除彼此之间的对抗情绪。他可能会指点你，鼓励你，为了给你打气，有时还可能会给你一张意料之外的订单。

四、掌握淘宝旺旺的沟通技巧

1. 旺旺沟通的语气和旺旺表情的活用

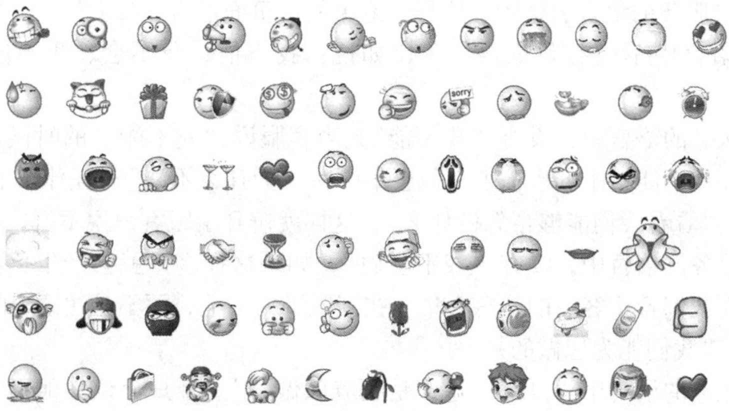

图 3－36

在旺旺上和顾客对话，应该尽量使用活泼生动的语气，不要让顾客感觉到受了怠慢。虽然很多顾客会想"哦，她很忙，所以不理我"，但是顾客心理还是觉得被疏忽了。这个时候如果实在很忙，不妨客气地告诉顾客"对不起，我现在比较忙，我可能会回复得慢一点，请理解"，这样，顾客才能理解体谅。尽量使用完整客气的语句来表达，如想告诉顾客不讲价，应该尽量避免直截了当地说"不讲价"，而是礼貌而客气地表达这个意思"对不起，我们店商品不讲价"，可以的话，还可以稍微解释一下原因。

如果遇到没有合适语言来回复顾客留言的时候，不妨使用一下旺旺的表情。一个生动的表情能让顾客直接体会到你的心情。

2. 旺旺使用技巧

卖家可以通过设置快速回复来提前把常用的句子保存起来，这样在忙乱的时候可以快速地回复顾客，比如欢迎词、不讲价的解释、"请稍等"等，可以节约大量的时间。在日常回复中，发现哪些问题是顾客问得比较多的，也可以把回答内容保存起来，可达到事半功倍的效果。

通过旺旺的状态设置，可以给店铺做宣传，比如在状态设置中写一些优惠措施、节假日提醒、推荐商品等。

如果暂时不在座位上，可以设置自动回复，不至于让顾客觉得自己好像没人搭理。也可以在自动回复中加上一些自己的话语，都能起到不错的效果。

3. 语言文字方面

（1）少用“我”字，多使用“您”或者“咱们”这样的字眼：让顾客感觉我们在全心全意地为他（她）考虑问题。

（2）常用规范用语：

“请”是一个非常重要的礼貌用语。

“欢迎光临”“很高兴认识您”“希望在这里能找到您满意的DD”。

“您好”“请问”“麻烦”“请稍等”“不好意思”“非常抱歉”“多谢支持”……

平时要注意修炼自己的内功，同样一件事不同的表达方式会表达出不同的意思。很多交易中的误会和纠纷就是因为语言表述不当而引起的。

（3）在客户服务的语言表达中，应尽量避免使用负面语言。

客户服务语言中不应有负面语言。比如说：我不能、我不会、我不愿意、我不可以等。

①在客户服务的语言中，没有“我不能”。当客服说“我不能”的时候，客户的注意力就不会集中在你所能给予的事情上，他会集中在“为什么不能”“凭什么不能”上。

正确方法：“看看我们能够帮您做什么”，这样就避开了跟客户说不行，不可以。

②在客户服务的语言中，没有“我不会做”。如果这样客户就会产生负面感觉，认为客服在抵抗；而我们希望客户的注意力集中在客服讲的话上，而不是注意力的转移。

正确方法：“我们能为您做的是……”

③在客户服务的语言中，没有“这不是我应该做的”。客户会认为他不配提出某种要求，从而不再听过多解释。

正确方法：“我很愿意为您做”

④在客户服务的语言中，没有“我想我做不了”。当客服说“不”时，与客户的沟通会马上处于一种消极气氛中，为什么要客户把注意力集中在不能做什么，或者不想做什么上呢？

正确方法：告诉客户你能做什么，并且表示非常愿意帮助他们。

在客户服务的语言中，有一个“因为”，要让客户接受建议，应该告诉他理由，不能满足客户的要求时，要告诉他原因。

五、对价格要求不同的顾客，沟通方式也有所不同

（1）有的顾客很大方，说一不二，看见你说不砍价就不讨价还价：对待这样的顾客要表达感谢，并且主动告诉他店铺优惠措施，会赠送什么样的小礼物，让顾客感觉物超所值。

（2）有的顾客会试探性地问能不能还价：对待这样的顾客既要坚定地告诉他不能还

价，同时也要态度和缓地告诉他商品是物有所值的，并且谢谢他的理解和合作。

（3）有的顾客就是要讨价还价，不讲价就不高兴：对于这样的顾客，要有理有节地拒绝，不要被他的各种威胁和祈求所动摇，适当的时候建议他再看看其他便宜的商品。

六、实例运用

1. 售前客服

（1）接待开场白：

亲！您好！非常高兴为您服务，有什么可以为您效劳的呢？

亲！您看中的这款宝贝是有现货的呢，现在全场做活动，满××有活动，您看一下……（推出活动特款）

（2）是否有货？

亲！您看中的这款宝贝是有现货的呢！您可以放心拍哦 O（∩_∩）O～

亲！非常抱歉这款宝贝已经没有现货了呢，您可以看一下这款哦，两款宝贝的质量都是非常不错的，款式和价格也相差不多呢……

（3）什么时候发货？

亲！您拍下的宝贝 42 小时内就可以为您安排发货呢！

（4）发什么快递？

亲！默认是发韵达快递哦，您这边可以收到韵达的货吗？韵达不到的地方我们可以为您安排发 EMS，EMS 是全国通达的，但是 EMS 是不包邮的呢，需要您补邮费 10 元（发顺丰要补邮费 20 元）。

（5）什么时候到货？

亲！一般韵达发货以后 3 天左右可以到货的，您收到货以后可以仔细检查一下，如有任何质量问题，7 天内可以无条件退换货的，邮费也是我们承担（顺丰一般两天内到货，偏远地区会延迟到货时间；EMS 一般 3～5 天到货，偏远地区 7 天左右到货）。

（6）可以便宜一点吗？

亲！非常抱歉，我们的定价已经是最低销售价格了呢，没有办法再优惠啦～～～

（7）质量问题。

亲！我们是商城正品，质量都是有保证的，您可以完全放心地拍下哦……

（8）结束语。

亲！非常感谢您的惠顾，我们这边会在第一时间为您安排发货的哦，请您耐心等待收货，如果有任何问题请您及时联系我们客服为您处理～～祝您购物愉快！（可以加些表情）

（9）退换货问题。

亲！7 天内是可以无条件退换货的，质量问题退换货邮费都是我们承担，如果是非质量问题呢，您退回来的邮费以及我们给您换货发出的邮费是由您承担的哦！

（10）包邮吧！

亲！非常抱歉呢，邮费是由快递公司这边收取的，我们只是代收的呀！不能为您包邮的哦～～～

（11）实物和图片有差异。

亲！我们店铺的图片都是实物拍摄的呢，没有经特别的 PS 处理，但是图片拍摄过程中由于光照的影响可能会造成实物和图片有一点差异，但是请您放心！差异肯定是非常小的，基本都是一样的哦。

（12）什么材质的？

根据宝贝的材质如实回答，同时说明产品特点。

（13）会不会褪色？清洗是否方便？

亲！宝贝是非常好清洗的，您第一次洗的时候会有点未染上的颜色褪下来，就像我们把上面的灰尘等洗掉，但是第二次开始就不会有这种现象了哦，您可以完全放心，而且您洗过以后宝贝的色泽都不会有任何变化的（根据不同材质进行说明，告知客户清洗需要注意的地方，比如羽绒被只能干洗等）。

（14）有什么赠品？

亲！我们这边会赠送您精美的包装盒子哦！（如果有其他的赠品一一列明）

2. 售后客服

（1）买家抱怨或者不满时。

您好，是有什么问题让您不满意了吗？如果是我们或快递公司的原因给您造成不便，我们很抱歉给您添麻烦了！您可以把您遇到的状况叙述一下吗？

（2）物流问题。

亲！非常抱歉，最近物流比较繁忙，发货比较慢（容易出错），您先不要着急，我先联系一下快递公司询问一下具体是什么情况好吗（然后根据具体情况具体解决）？

（3）质量问题（发错、质量问题）退换货。

亲！请您放心哦，如果是我们的质量问题，这边一定会为您处理好的，您需要配合一下，请您拍张有质量问题处的图片发给我们，好吧？

A. 确认质量问题退货：亲！您要退是可以的，请先把宝贝寄回来，在寄回来的包裹里面放上一张纸条，上面备注好您的订单编号、姓名、联系电话，注明质量问题退货，退回的邮费请您先垫付，我们收到货以后为您退款，同时退您垫付的邮费。

B. 确认质量问题退换：亲！您要退换是可以的，请先寄回来，在寄回来的包裹里面放上一张纸条，上面备注好您的订单编号、姓名、联系电话、注明质量问题换货，退回的邮费请您先垫付，我们收到货以后为您更换发货，同时退您垫付的邮费。

（4）非质量问题退换货，买家退货的邮费由买家自己承担，同时如果是换货的话，买家要支付更换以后发过去的邮费。

在遇到客户要求退换货时，先不要去追究谁的责任，此时客服说话语气要温和，先让客户的情绪稳定下来。之后再询问客户遇到的情况，详细记录下客户要求退换货的原因。分析问题出在哪里，责任方是哪里，并让客户对产品进行拍照后发电子图片给客服。经过协商后要对退货的产品进行备案并注明退货原因。

（5）售后查询物流。

每天由固定的客服查询发货三天的未成交的订单，对于显示已经派送的物流、显示收货和显示物流有异常的三种情况进行处理。

显示派送：亲，您好！您在我们店铺购买的宝贝已经到达您的所在地了，快递人员会在近期为您安排派送，请保持通信畅通，注意查收包裹，收到以后请仔细检查哦，如果有任何问题请及时联系我们在线客服为您处理，对于收到的包裹满意的话不要忘记给我们一个全五星的评价哦~

显示签收：亲，您好！您的包裹已经显示签收了呢，对于您收到的宝贝还满意吗？满意的话不要忘记给我们一个全五星的评价哦，后期如果有任何安装使用上的问题请及时联系我们在线客服为您处理哦，再次祝您购物愉快~~

显示物流有异常：联系物流查询一下具体是什么原因，然后根据不同情况及时给客户留言。

任务6　处理淘宝商品纠纷

任务描述：

在淘宝开店，买家购买商品时，难免会存在一些商品纠纷问题，如果想避免纠纷的产生，在买家反馈交易疑惑时，应该及时给予回应，主动友好协商，了解买家反馈的具体问题，并给予有效的帮助和解决。

以下是淘宝商品纠纷的常见类型及解决方法。

一、商品质量问题的争议处理

商品是交易的基础，质量则更是重中之重。为了促进成交率，提高店铺经营收益，卖家需要对自己出售的商品质量承担保证责任，需要保证自己交给买家的商品在合理期限内可以正常使用。

1. 商品质量问题的处理原则

（1）如果商品确实存在质量问题，淘宝支持退货退款，来回运费由卖家承担。如果商品没有质量问题，淘宝将会把钱款支付给卖家。

（2）如果商品存在危及人身财产安全的不合理危险，导致买家遭受损失的，由买卖双方另行协商或通过其他途径解决，淘宝不予处理。

（3）如果买家在超过投诉期限后向淘宝网提出关于质量问题的投诉，原则上淘宝不再受理，但不能免除卖家应尽的售后服务责任，依旧需要卖家做好相应的售后服务。

2. 商品质量问题的举证

（1）如果买家表示收到的商品存在质量问题，并且该质量问题通过肉眼无法做出判断的，卖家应当按照淘宝的要求提供商品的正规进货凭证，如厂家的经销凭证、产品合格证、商业发票等证明文件。

（2）如果买家表示商品存在质量问题，且可以通过肉眼做出判断的，淘宝有权根据商品图片直接认定。

3. 常见问题

如何避免出现商品质量问题的争议呢？

根据争议处理的原则，若商品确实存在质量问题的，淘宝支持退货退款。因此卖家在进货时应注意货源，核实供货商是否具备商品的生产或者销售资质；同时发货前也请做好货物的检查，保障自身利益的同时也对对方负责，以免产生不必要的纠纷。

二、商品描述不符的争议处理

买家了解商品详细信息主要依靠商品描述，为了让买家更好地了解店铺的商品，卖家应当对出售的商品进行真实、完整的描述。特别要在商品详情页面、店铺页面或阿里旺旺等信息中，对商品的基本属性、成色、瑕疵等必须说明的信息进行真实、完整的描述。

1. 商品描述不符的处理原则

（1）如果买家收到的商品跟卖家的描述不一致，淘宝支持退货退款，来回运费由卖家承担。

（2）如果交易中买卖双方没有对商品的描述约定清楚（如双方约定均码，但未约定具体尺寸），按下列情况分别处理：

①卖家与买家已经达成退款协议，但未对运费进行约定的，则需要卖家承担发货运费以及与卖家发货相同货运方式的退货运费。

②卖家与买家未达成退款协议，淘宝介入后也无法确定是谁的责任，此时交易做退货退款处理，发货运费由卖家承担，退货运费由买家承担。

2. 商品描述不符问题的举证

（1）如果买家表示收到的商品跟卖家的描述不一致，且通过照片可以直接看出，淘宝有权根据商品图片直接认定。

（2）如果买家表示收到的商品跟卖家的描述不一致，并且此问题通过肉眼无法做出判断的（如材质不符），卖家应当按照淘宝的要求提供相关的证明文件，如厂家的经销凭证、产品合格证、商业发票、检测凭证，以便淘宝核实处理。

3. 常见问题

如何避免出现商品描述不符的争议呢？

根据争议处理的原则，如果商品存在描述不符的，淘宝支持退货退款。因此卖家在发布商品时，对所出售的商品应进行真实、完整的描述，并且要避免有歧义的描述；同时发货前也请做好货物的检查，避免发错商品产生不必要的纠纷。若还是出现了描述不符的问题，卖家应积极联系买家协商解决，可尝试使用换货或者退货的方式解决争议。

三、假冒伪劣商品的争议处理

为净化社会市场环境、维护网络平台的洁净度，淘宝遵循国家法律法规，不允许出售和发布假冒伪劣商品。作为淘宝卖家，交付给买家的商品也应当符合法律法规的相关规定，不得出售假冒伪劣商品。若卖家存在此行为，请立即整顿自己的店铺，否则店铺的商品可能会因为出售假冒伪劣商品而被删除，同时卖家的账户也有可能会被扣分、限权甚至冻结，相应争议也会做退款处理。

1. 假冒商品的处理原则

(1) 如果商品属于假冒商品的，淘宝支持退款，货物淘宝不予处理。如果卖家能提供有效凭证证明商品并非假冒商品，且买家无有效举证的，交易款项将支付给卖家。

(2) 如果买家提出商品为假冒商品，但未提供有效凭证证实，而卖家也无法有效举证的，交易支持退货退款。

2. 假冒商品的举证

(1) 如果买家表示收到的商品属于假冒商品，且通过肉眼无法做出判断的，卖家应当按照淘宝的要求提供厂家的经销凭证、产品合格证、商业发票等证明文件。

(2) 如果买家提供了品牌权利人的假货鉴定证明，且淘宝判定凭证真实有效的，交易将做退款处理。

3. 常见问题

(1) 如何避免出现假冒商品的争议呢?

根据争议处理的原则，若商品确实为假冒商品，淘宝支持退款处理，货物淘宝不予处理。因此请在进货时注意货源，核实供货商是否具备商品的生产或者销售资格；通过正规的渠道进货，以免产生不必要的纠纷。

(2) 如果买家表示商品是假冒商品，应该怎么办?

①买家提出商品是假冒商品后，卖家应积极主动做好售后服务，自行与买家协商解决该争议问题。

②同时，卖家应核实供货商是否具备商品的生产或者销售资质，如果不具备相应的资质，损害的不光是消费者的利益，自身的利益也无法保障。

③若以上两项卖家都没有去做，买家申请了淘宝介入，淘宝会根据买卖双方举证情况来处理。一旦淘宝判定商品为假冒商品，交易作退款处理，货物淘宝不予处理。同时卖家的商品可能会因为出售假冒商品而被删除，卖家的账户也有可能会被扣分、限权甚至被冻结。

四、代购商品的争议处理

代购本身是一种服务，指的是卖家接受买家的委托，在海外及中国港澳台地区代为购买指定商品（该商品非现货）的服务。这里是指中国港澳台地区以及中华人民共和国领域外的国家和地区。非现货即海外代购，是指商品实际始发地为境外区域，且物流走件记录需在买家拍下付款后。

1. 代购商品的处理原则

若卖家出售的商品属于代购商品的，淘宝将依据买卖双方交易约定的情况进行处理。若不符合代购服务商品要求的，则该交易不视为代购服务交易，相应争议淘宝将按照一般商品进行处理。

2. 代购商品的举证

(1) 如果买家提出七天退货服务要求，卖家需要提供买家付款后的境外物流运输凭证，如无法有效提供，交易将支持七天退货服务处理。

（2）如果买家表示收到的商品存在质量问题或跟卖家的描述不一致，且该问题可以通过肉眼做出判断的，淘宝有权根据商品图片直接认定。

（3）如果买家表示商品存在表面不一致问题，并提出商品非本人签收，卖家应当按照淘宝的要求提供买家签收底单或本人委托第三方合法签收的证明或物流/快递公司的公章证明。

（4）如果双方有交易约定，如卖家清楚告知买家代购商品的售后服务等信息且征得了买家的同意，卖家需要提供相关阿里旺旺聊天记录，作为凭证证实卖家和买家约定的情况。

3. 常见问题

在代购商品的争议处理中，淘宝是按照双方约定的情况来进行判断处理的，因此建议卖家在代购之前通过商品描述以及阿里旺旺与买家对代购细则做清晰完整的约定，如对代购地点、代购到货时间、卖家自身和厂家对代购的售后服务政策、相关代购手续费、运费、通关手续费等进行约定，征得买家同意后，再进行后续的代购操作。同时，卖家务必保留好购物的凭证，如代购小票、指定网站购物记录、海外直邮发货底单等，避免买家申请争议处理时出现无法举证的情况，从而导致损失。

五、定金商品的争议处理

定金是一种特殊的商品，定金和订金虽然读音一样，但有本质区别。“定金”是指当事人约定由一方向对方给付的，作为交易担保的一定数额的货币，它属于一种法律上的担保方式，目的在于促使买家履行交易合同，保障卖家交易合同得以实现。

1. 定金商品的处理原则

（1）若卖家仅以“定金”“订金”“预付款”等字样进行描述，但未与买家明确约定具体支付和返还条件的，相应争议淘宝将按照一般商品进行处理。也就是说若买家未收到货的，淘宝支持退款处理。

（2）如果卖家和买家已经有明确且有效的约定的，因卖家或供货商的原因无法按照约定交货给买家时，定金需全额退款并额外补偿买家一倍的定金。如果卖家未按照约定将额外补偿的钱款给予买家，淘宝可能对卖家的账户进行相应处理。

（3）如果卖家履行了约定，而买家没有履行约定的，淘宝将会把钱款支付给卖家。

（4）天猫预售频道商品以其规范的规定为准，规范无规定的，按照本规定处理。

2. 定金商品的举证

如果卖家已与买家按照定金交易要求，清晰约定了定金支付与返还条件，后续买家违约的，卖家可以提供阿里旺旺聊天记录举证号，证明当时交易双方有过明确有效的约定且由于买家违约导致交易无法继续。

3. 常见问题

（1）若卖家发布的商品为定金，须在交易前与买家积极做好沟通，进行有效约定，并注意保留好相应的阿里旺旺聊天记录凭证。如遇到问题请及时联系买家协商处理。

（2）有效的约定指的是，卖家通过宝贝详情页描述或者阿里旺旺与买家约定定金的数额和交付期限，并需要在约定中明示如果买家不履行约定，无权要求卖家返还定金；如果卖家不履行约定，需向买家双倍返还定金。买家履行约定后，卖家依照约定，将定金抵作货款或者收回。

（3）卖家在淘宝网出售一个定金商品，买家购买后卖家没有告诉买家发货的准确时间，只说了一个大概的时间，买家当时也没细问，现在买家要求发货但卖家没有货物，应该怎么办？

若卖家的商品是定金商品，卖家需要与买家清晰约定定金支付与返还条件，比如超过多长时间还没有发货的话可以双倍退回定金。如果买卖双方没有约定超过多久时间可以退款的话，卖家需在买家首次催促发货后的 72 小时内进行发货，如无法在该时间内发货的，交易支持退款。如果卖家出售的是天猫的预售商品，则按照天猫预售频道的规则要求处理。

4. 举例

若在宝贝详情页进行描述，卖家需要按照如下内容进行说明：

（1）定金不可退的情况：商品一旦预定本店就会按照预定数量到厂家下单，到货前若买家因自身原因放弃该预定商品，定金不可退回。

（2）定金可退的情况：预定商品不能保证 100% 的成功，商品不是本店生产的，被砍单也在所难免，但本店会尽力满足大家的需要，如遇到砍单，定金一律双倍返还或可以转定其他的商品。

（3）关于到货时间：预定时的到货日期是按照官方预计，具体出货日期以后续官方发布的为准。预定的商品若因天气和海关等不可抗力导致延迟到货，请耐心等待，定金不能因此退回。

（4）补款发货：商品到货后本店会及时做好补款链接并留言，请买家在七日内补款，若有需要延迟补款请在此时间内联系本店，否则买家预定的宝贝只能出售给他人，定金也无法退回。

六、定制商品的争议处理

定制指的是商业行为中顾客对服务商提供的服务进行挑选，在成本最低的情况下达成目标。而我们所认为的通常意义上的定制商品，是指买家介入产品的生产过程，将指定的图案、文字等印刷或制作到指定的产品上，从而获得个人属性强烈的商品。

1. 定制商品的处理原则

卖家出售的商品属于定制商品的，淘宝将根据买卖双方在交易前的约定情况来处理相应争议，定制商品不支持七天退货，卖家自行设定了退货承诺的除外。

2. 定制商品的举证

（1）如果买家表示收到的定制商品存在质量问题或描述不符，卖家按照对应争议处理中相关举证要求进行举证。

（2）如果买家表示收到的定制商品与之前约定的存在不一致，卖家需要根据淘宝要求就争议点提供相应阿里旺旺聊天记录截图，或阿里旺旺聊天记录举证号。

3. 常见问题

（1）如何避免出现定制商品的争议呢？

根据定制商品的特性，争议类型多为描述不符、违背承诺、约定不清等。因此，卖家在约定时，一定要与买家明确约定交易的细节（如图案、材质、尺寸、工艺、发货时间、交付时间等）。同时，卖家在制作时需要严格控制制作进度、工艺等环节。若卖家确实无法做到或无法保证的（比如物流送货到达时间等），必须与买家在交易前明确说明，以免出现不必要的纠纷。

（2）如果买家表示定制商品存在描述不符（尺寸、材质、颜色、图案等）问题，卖家该怎么办？

①如果买家收到货物后针对定制商品描述不符问题向卖家提出了异议，卖家应积极主动做好售后服务，自行与买家协商解决该争议问题。

②同时，卖家应核实双方之前聊天记录中的约定情况，并核对商品是否存在不符；如有不符，应主动联系买家协商处理。

③若以上两项卖家都没有去做，买家申请了淘宝介入，淘宝就会根据买卖双方举证情况来处理。一旦淘宝判定商品确实存在描述不符的，支持退货退款，且来回运费也需要由卖家承担。

七、闲置商品的争议处理

闲置商品，是指已通过支付宝实名认证的淘宝网卖家以“闲置”方式在跳蚤街交易平台发布的商品。通常是个人持有，自用的或从未使用过的闲置物品。若卖家出售的是闲置商品，则需要清晰描述商品的实际情况，比如商品的维修记录、是否有发票、是否存在瑕疵等。

1. 闲置商品的处理原则

闲置商品的争议处理，淘宝是依据买卖双方的约定与描述进行判定的。若卖家因没有清晰地描述商品的实际情况而产生的争议，淘宝支持退货退款处理，来回运费由卖家承担。

有争议的若为依照《淘宝闲置市场管理规则》应予以删除的违规商品，淘宝不支持退货退款处理。

2. 闲置商品的举证

（1）买家表示收到的商品存在质量问题，并且通过肉眼无法做出判断。

①若卖家在商品描述或阿里旺旺中没有对发票问题做出说明的，买家购买后针对商品的质量问题有疑义，淘宝依据商品质量问题的争议处理原则进行处理，需要卖家提供购买该商品的正规发票来证实商品来源的正规性。

②若在买家购买时，卖家明确告知买家没有发票的，买家购买后，反馈商品存在质量问题且通过肉眼无法做出判断，需要买家先提供商品的检测凭证，证实商品存在质量问题。

（2）卖家之前未对瑕疵异常或质量问题进行说明，如果买家表示商品存在质量问题或瑕疵异常，且可以通过肉眼做出判断的，淘宝依据商品问题照片直接认定。

3. 常见问题

（1）如何避免出现闲置商品的争议呢？

在发布商品时，卖家应对商品瑕疵异常、维修次数、是否有发票等情况进行真实详细的描述。建议在宝贝描述中多提供一些商品的照片，若商品存在瑕疵的，请将瑕疵部分凸显出来，供消费者参考。若买家购物时与卖家进行了沟通，请再一次在阿里旺旺上与买家确认商品的瑕疵异常、维修次数、是否有发票等问题，并与买家对这些情况进行约定，得到买家的认可。

（2）卖家卖的是闲置商品，为什么还需要提供发票？

卖家在商品描述当中详细注明有发票，或没有对发票进行任何说明的，当买家反馈商品存在问题时，需要卖家提供凭证证实商品来源的正规性。在卖家举证有效的情况下，淘宝支持打款给卖家，举证无效则淘宝支持退货退款给买家，来回运费由卖家承担。

（3）如果买家表示商品存在质量问题，应该怎么办？

①如果买家收到货物后针对商品质量问题向卖家提出了异议，卖家应积极主动做好售后服务，自行与买家协商解决该争议问题。

②同时，卖家应核实供货商是否具备商品的生产或者销售资质，如果不具备相应的资质，损害的不光是消费者的利益，自身的利益也无法保障。

③若以上两项卖家都没有去做，买家申请了淘宝介入，淘宝会根据买卖双方举证情况来处理。一旦淘宝判定商品确实存在质量问题的，支持买家退货退款，并且来回运费需由卖家承担。

（4）如果买家表示商品跟卖家的描述不一样，应该怎么办？

①看看商品描述有没有歧义或错误。

②检查发货时有没有发错商品。

③如果以上两项卖家都没有去做，买家要求淘宝介入，淘宝会根据买卖双方举证情况来处理。一旦淘宝判定商品确实存在描述不符的，支持买家退货退款，并且来回运费也需要由卖家承担。

（5）卖家在商品描述中已经写了商品有瑕疵，买家后续提出商品有瑕疵，淘宝为什么还要支持退款？

先核实自己的描述是否清晰。若在商品描述中写了商品存在瑕疵，但未描述具体是什么瑕疵（如瓶口有锈迹等），也未和买家确认瑕疵的内容，后续淘宝介入后，会以卖家描述不清支持退货退款，并且来回运费需由卖家承担。因此，卖家须对商品瑕疵等情况进行清晰描述，并在交易中针对瑕疵问题与买家确认一致，以免产生不必要的纠纷。

项目小结

本项目介绍了淘宝店铺找货源，各种常用商品包装方法，巧用商品包装提升人气，发货应注意的问题，淘宝客服工作，处理淘宝商品纠纷等事项。

【思考与训练】

1. 分组讨论制订网店备货计划。

（1）你们组计划到附近哪个批发市场寻找进货渠道？

（2）商定好去批发市场的交通路线。

（3）到选定的批发市场实地了解进货信息，记录十种以上商品的信息，如批发商档口的位置、联系信息、商品名称、价格、是否代发货等信息。

要求：以小组为单位出发，组长负责，注意安全。

2. 试试挑选三种具有代表性的商品进行正确包装。

3. 假设你是淘宝店卖家，正在阿里旺旺与买家沟通，买家提出以下问题，请你准备两个以上的回答方案。

（1）买家：在线吗？

（2）买家：为什么他家的比你们的便宜？你不能给我一样的价格吗？

（3）买家：老板，你的那个宝贝可以再便宜点么？

（4）买家：能不能加送我个礼物呢？

（5）买家：能不能包邮？（小店规定总价 80 元以上才包邮，商品才 20 多元）

（6）买家：老板，你不打七折我就不要了！

4. 简答题。

（1）发货时间的信息“卖家承诺 72 小时内发货”和其他预计时效产品“付款后预计××月××日送达”有什么不一样呢？

（2）所有没有按时发货的情况都可以让卖家承担相应责任吗？

（3）补寄或退换商品的发货时间是否在发货时间承诺范围内？

（4）若商品既设置了发货时间，又在详情页面描述了另外的发货时间，以哪个为准？

（5）什么情况下发起违背发货时间承诺投诉会比较合适？

（6）若要享受同卖家不同商品不同发货时间的服务，要怎么做？

（7）发货的时候填错了物流公司/单号，怎么办？

项目四　店铺推广

【学习目标】

1. 掌握淘宝站内免费推广、站外免费推广的常用方法
2. 了解淘宝网店促销的方法
3. 了解淘宝站内付费推广、站外付费推广的常用方法

【学习任务】

1. 运用微信、论坛、微博、QQ 群等多种免费推广方法进行店铺推广
2. 淘宝促销
3. 了解付费推广的技巧

【总课时】

12 课时

俗话说“酒香不怕巷子深”，小张坚信自己的茶叶品质好、味道香、价钱实惠，在网上不用宣传也肯定能引起精明消费者的抢购。但现实给小张的美梦泼了一盆冷水。虽在网上开店一个月，人气仍较少，信用较低，各种销售方式不够成熟，难以吸引消费者的眼球，暂时还处于店铺的起始阶段，属于淘宝里的弱势店铺。由于网上商品鱼龙混杂，竞争激烈，商品销售较难。其实开网店并不难，难的是如何带来客人，进而提高销量，不少淘宝网店卖家开始兴致高昂，一旦没生意就索性关门，这样的例子不少，开网店需要坚持+忍耐+方法。那么店铺初期的推广应该怎么去做呢？推广方案怎么写？小张怎样才能提高店铺名气，建立店铺品牌？

任务 1　免费推广

任务描述：

1. 运用站内免费推广进行店铺推广
2. 运用站外免费推广进行店铺推广

开淘宝店容易，可是开好就不容易了，绝不是注册一个网银、一个账号，开通一个店铺，生意就送上门这么简单。必须得做推广，没有流量什么都是浮云，可是新店铺推广起来不仅麻烦而且费钱，对于一般的小店来说推广费用太高，因此，我们要寻找一些免费的推广方式来提升流量。

淘宝网店推广，就是为了获得流量，再将流量转化为销量，达到最终盈利的目的。流量分为淘宝站内流量和淘宝站外流量两种。

淘宝站内的流量，就是聚集在淘宝网站上的所有流量，对所有淘宝店主来说都是主要渠道。所有淘宝店主都希望从淘宝的几千万乃至上亿流量中分得一点点到自己的店铺和宝贝页面。淘宝站外流量，也就是除淘宝网以外的所有互联网上可以为你所用的流量。流量获取的方式，可分为站内免费推广和站外免费推广；站内收费推广和站外收费推广。

一、站内免费推广

淘宝站内的免费流量有两种类型，一类是自然搜索来的，有点“靠天吃饭”的意思，因此它是被动的，与之相反就是另一类，即可以主动出击，去获取流量。在站内免费推广主要包括以下方式：

1. 淘吧

淘吧是大多数买家和卖家聚集的地方。在淘宝网有各种各样的淘吧，如女装吧、特价吧、包邮吧、促销吧等。另外还有很多与自己产品相关的淘吧，如茶叶吧、秋装吧、咖啡吧等。每个淘吧里面又分很多栏目，既有买家的求购帖也有卖家的宣传帖。在这些地方发广告帖是最合适不过的了，因为大家的目的就是做买卖，不像其他论坛禁止发广告帖。但在淘吧里发帖前一定要先了解一下吧中的规则，以免被吧主踢出去。对于那些求购帖，店主可以根据自己店里的情况，认真回答求购者的问题，用心帮他们解决问题，而不是一味宣传自己店里面的东西。如果店中刚好有求购者所需要的宝贝，可以简单做下推荐。

2. 帮派

加入帮派，经常在帮派里面发帖子或者回帖子，可以增加自己店铺的曝光率。时时关注帮派动向，积极参加帮派活动、帮派收藏活动，虽然收藏人气对于店铺在淘宝上的排名没有太大的影响，但是收藏次数会给店铺带来流量，有些买家如果觉得你店铺里面刚好有他需要的东西，说不定下次就是你的顾客。

3. 社区发帖回帖

发帖回帖是所有卖家提高店铺浏览量的最常用手段之一，具体效果因“帖”而异，有的人一篇帖子能带来数百甚至上千的浏览量，而有的人发了几十个帖子，带来的浏览量却寥寥无几，因此我们发帖时要注重质量而不是数量。除发帖外，回帖同时可以达到宣传推广自己网店的目的。特别是回帖时抢了一个沙发位，而且该帖也被加精，那就相当于自己写了一篇精华帖。回帖时要研究好目标对象，做到心中有数，有目的地回帖，如了解回帖的受众群体、楼主、其他回帖的人、回帖后楼上楼下的人，他们是属于哪一类人群？做到针对式回复楼主的主帖，适当地引起互动，最好让回帖吸引其他人，用“心”回帖才能让回帖带来更多流量，而不是乱发广告，更不是灌水、吵架。

4. 做好店铺内部优化，提升店铺搜索排名

（1）合理利用宝贝橱窗推荐与宝贝上下架时间。

宝贝的上下架中蕴含了搜索的逻辑，如果能合理地优化宝贝的上下架时间，可以让自己的宝贝排名靠前，从内功做起，节省流量成本的同时提高搜索的权重。在优化上下架时

间的同时配合橱窗，会有很好的效果。

近年来淘宝搜索不断完善流量匹配规则，越来越多地偏向考量商家的综合运营能力。这样一来小商家获取搜索匹配的流量压力就大了许多，因此搜索保留了宝贝剩余下架时间因素，也就是即将下架的产品会在搜索排序中获得优先展示，以保障每个商家在这个因素上都有公平展现在搜索结果中的机会。

（2）优化店铺商品标题关键词。

宝贝能否被展现在买家眼前，取决于关键词的选择，商家在为商品写标题时应多站在买家角度思考，关键字不要太宽泛，精确定位、精准的关键词语能增加宝贝被搜索到的概率，同时可以避开竞争。关键词要与主营商品相关，多使用一些热门词汇和形容词，尽量做到不堆砌、不单一、内容丰富、形式多样，添加一些诸如打折、包邮等煽动性词汇，与目标关键词组合成长尾关键词，提高转化率。

（3）做好橱窗推荐。

橱窗推荐是淘宝店铺的一种推广工具，淘宝店铺推荐位置有限，不可能存放店铺的所有产品，应把店铺热销的产品、吸引客户的商品放在橱窗推荐位置，推荐给消费者，进而吸引消费者点击进入商铺，从而浏览店铺内的其他商品，实现销售的目的。

由于橱窗推荐的位置有限，一般只有十几个位置，而商品数量又非常多，那么如何选择橱窗推荐商品就显得尤为重要。最好选择最近销售火爆的商品、最近刚上架的新商品或突出店铺个性和特点的商品作为橱窗推荐商品。由于橱窗推荐商品是消费者最先看到的商品，对消费者是否点击进入店铺起着非常大的影响，因此橱窗推荐商品需要进行额外优化处理，对商品的标题、优势与亮点进行具体描述，做到图文并茂，同时与橱窗位和下架时间相结合。

此外，站内免费推广还包括淘宝站内一系列有时间限制的特惠活动，如一元拍、秒杀、团购、购买帮派广告位、买家分享或者超级买家秀、参加淘宝各类主题活动（五一、圣诞、双 11 等节日），以及淘宝网一些衍生的专业推广，如淘宝客、阿里妈妈推广、超级卖霸、淘代码等。

二、站外免费推广

站外推广，是指在网店所在网站以外的其他网站平台的推广。站外推广有助于网店信息被更多的网友看到，更有利于搜索引擎收录，给自己的店铺带来大量的流量，提高宝贝的曝光率，从而提高宝贝的销量。这里简单介绍几种主要的站外推广方式。

1. 论坛贴吧推广

目前国内的主要论坛有天涯社区、猫扑社区、搜狐论坛、凤凰论坛、网易论坛、新浪论坛、凯迪社区、强国论坛、百度贴吧、大旗网、中华网论坛、泡泡俱乐部、西祠胡同、QQ 论坛、铁血社区、新华网论坛及各种各样的行业、特色论坛。在一个活跃的论坛进行推广，有着不可忽视的广告效果。可以针对自己产品的用户群，去对应的论坛上发信息。很多论坛都有专门发广告与供求信息的板块，那些地方基本上不会被删帖，但是效果可能不是很好。如果自己写软文，去最火的板块里发，这样效果会很好。

2. 博客推广

博客推广是利用博客这种网络应用形式开展网络营销。通过较强的博客平台帮助店铺零成本获得搜索引擎的较前排位，以达到宣传推广的目的。博客分为两种：一种是独立博客；另一种是 BSP 博客，如新浪博客、博客大巴和讯博客。要做好博客推广需要满足两个重要条件：第一，选择博客平台，博文的数量不求多，只求“精”；第二，确定博客定位，即建什么样的博客，打造怎样的风格。如果仅仅是用博客发广告，这种博客就注定要失败，只有等博客形成了自己的风格，树立了威信再顺便发一点广告，才能取得好的效果。

3. 微博推广

目前主要的微博推广平台有新浪、网易、搜狐、腾讯四大门户网站，可以在四大平台同时申请微博账号，再用一个微博应用工具绑定四个网站的微博，只需要发一条微博就可以在四个网站的微博上同时看见，非常实用。

4. 百度百科和百度经验推广

百度百科推广相对来说就要难很多，但是它的精确度很高，基本上每个词语都有一个百科词条，而且百度百科权威非常高。任何一个有百科词条的词语，排名都会在百度搜索的首页出现。如果能在上面贴上网店的地址，曝光率可想而知。

百度经验同样是做店铺广告的好地方，即按百度的要求分享经验，再在页面中留下自己网店的地址。

5. 问答推广

国内最权威、最活跃的问答网站平台有新浪爱问知识人、百度知道、搜搜问问、奇虎问答等，到这些平台回答别人的问题时直接贴上自己店铺的地址，或留下联系方式让他联系你，你帮他解答疑问后，再顺便做广告。如果对别人的问题没有好的答案，也可以自己模仿着提问，然后自己用小号去回答，并贴上自己的店铺地址，这样当别人在搜索这个问题时，就很有可能搜索到你这个问题，看到你的店铺地址。

6. QQ 推广

包括 QQ 空间推广、QQ 群推广和 QQ 邮件推广。

把 QQ 空间装饰得和你的店铺一样，别人一进入你的空间就肯定会好奇地点进你的店铺。QQ 空间里的日志是具备转载功能的，这就给推广营销带来了利用机会，一篇带有推广信息的日志被一传十、十传百地传播，推广效果肯定不错。

QQ 群推广就是利用 QQ 群向用户推广某一项产品或事件，从而达到一定的商业目的。

QQ 邮件推广，即向自己已有的邮箱发送推销邮件，可利用 QQ 群发邮件同时发送多封邮件，或发送多种内容的邮件。还可以利用 QQ 邮箱漂流瓶发送语音、文字、图片等信息，投向信息交流的大海。这种网络漂流瓶一般发出后，由网络自动分配，不定收件人。只要有人在同一时间捞起就能看到有相同兴趣爱好的小伙伴，也可以利用这一功能推广店铺。

7. 供求信息推广

去一些供求信息平台上发布出售信息，留下自己的 QQ 号或者店铺地址，有人看到信息后就会来联系你。这些地方就是发纯广告的地方，只要不违法，就不会被删除。

8. SNS 网店软文推广

现在 SNS 类型的网店非常流行，去几个有人气的 SNS 网店有针对性地加几百上千个用户。然后选择合适的软文并合理地附带上网店链接，发表到自己的日志里。再让自己的一些好友分享，这样就能让更多人关注到你的文章，关注到你的网店。

9. 免费赠送推广

一旦有免费的东西送，不管是否用得着都会吸引一大批的顾客前往抢购，如赠送免费手机、免费午餐、免费住宿、免费资格、免费门票、免费春联、免费杀毒软件、免费代码、免费服装、免费书籍、免费玩具、免费电话等。一切收费的都可以免费提供，只要间接收获的投入产出比合算。

10. 搜索引擎推广

搜索引擎作为网站推广的首选媒介，有着不可忽视的作用。除电子邮件以外，信息搜索已成为第二大互联网应用。随着技术进步，搜索效率不断提高，用户在查询资料时不仅越来越依赖于搜索引擎，而且对搜索引擎的信任度也日渐提高。有了如此雄厚的用户基础，利用搜索引擎宣传企业形象和产品服务当然能获得极好的效果。所以对于信息提供者，尤其是对中小网站来说，很大程度上也是依靠搜索引擎来扩大自己的知名度，扩大自己的产品销售渠道。

11. 批量提交交换链接推广和网店推广联盟推广

批量提交交换链接推广即利用自动提交工具，提交网店到其他网店的友情链接栏目。当站长们在审核是否通过的时候，就为你贡献了一个 IP。人类社会的发展，就是得益于工具自动化程度的提高。要充分利用互联网传递信息的自动化、数字化、批量化优势，善于使用批量宣传工具，节省人力重复性劳动。

网店推广联盟推广即几个站长联合在一起，达成宣传共识，在宣传自己网店的同时，顺便也捎带上别的网店。用同样的劳动，得到更多的收获。

12. 流量统计推广

在网店的所有页面上放置一个 iframe 页面引用代码，在所引用的页面上放上其他网店的统计器，用程序代码控制变换统计 ID，当其他站长查看统计、浏览访问来源的时候，你的网店就出现了。

此外，站外推广的方法还有蘑菇街、阿里妈妈、域名推广、网页病毒推广等。任何一种推广的方法，都不是立竿见影的，都是有延迟性的。可能一时半会儿看不出效果或者效果不是很明显，但是不应该气馁，应该坚持下去，一周后、半个月后，可以看到店铺的流量在慢慢地上升，生意会慢慢好起来！

任务2　站内站外论坛推广

任务描述：
1. 站内论坛发帖回帖
2. 站外论坛推广
3. 撰写营销软文

一、站内论坛发帖回帖

即到淘宝网站内的各种论坛发帖回帖，包括淘吧、社区、帮派等（前面已有论述，在此不再重复）。

主要有淘宝社区推广（尽量发精华帖、热帖），淘画报推广（将产品图片拍得有视觉效果，再配合当季某些品牌发布会制作画报，增加流量），加入商盟或一些流量较大的相关帮派，在优惠信息区发布信息，网店自己搞在线活动推广，相互交流，自己建立帮派进行推广等。

在淘宝社区宣传自己，淘宝社区融入了很多买家与卖家，每一个人都有可能成为潜在客户。在社区加入一些人气旺的帮派进行发帖回帖，发帖前一定要先了解你所在帮派的发帖规则，不要乱发帖，否则容易被扣银币。发一篇好的帖子具有相当强大的功效，可以有效地提高店铺浏览量，会大大提高买家对你的信任感和认同感，从而促成成交。如果帖子被加精，被置顶或被推荐到社区首页，那么店铺的浏览量也会不断地上升，带来流量的同时也可能带来成交的机会。发表精华帖子还可以带来十个银币的收入，参加社区里的一些活动还有机会得到更多的银币，可以用这些银币来抢购社区各板块的广告推荐位，从而达到宣传店铺的效果。

二、站外论坛推广

论坛推广的本质是互动，不是一个人自言自语。很多新手以为把广告帖发到论坛就叫论坛推广了，最典型的体现就是利用软件或是人工群发论坛广告。其实这个认知是极其错误的，推广的目的是什么？难道就是为了凑个帖子数？看着好看？论坛推广不要一味追求数量，哪怕只在一个论坛进行推广，只要目的达到了，就是成功的。还有人认为发了推广帖，不被删除就是成功。其实这些都是对论坛推广的认识误区，究竟该怎样进行论坛推广呢？

三、论坛推广的操作步骤

1. 了解需求，准备材料

在进行论坛推广之前，要弄清楚几个问题：

（1）我们要推广什么？有什么特点？

（2）我们此次推广目的是什么？（比如说增加威客朋友的关注、增加我的淘宝网店商品的流量、提高我的淘宝网店的知名度等。）

（3）我们推广出去之后，有人回应了，但是对方不会操作怎么办？（尽量耐心地教对方。）

2. 寻找目标论坛

论坛发帖不是哪个论坛都可以，选择论坛时需要注意以下几点，这几点非常重要，关系到论坛推广的成功与否。

第一，论坛集中了大量的企业潜在客户，所选论坛和我们所要推广的内容最好相关。

第二，所选论坛的人气相对比较旺、流量较高。

第三，具备个人签名功能，提供超链接功能，发超链接所做的限制越少越好（有的需要等时间，有的需要积分达到多少才能发，如果要求太高，那么花费的时间也越多，而且效果也不一定理想，这样的论坛版主一旦封号，损失就很大了），并且最好是发帖后还能够修改的论坛。

第四，所选论坛比较容易注册，注册账号的时候，最好不要含有广告、马甲等让版主看到就反感的词。最好用中文、中文＋其他字符，让版主不会因为只看到你的 ID 就有删你的帖子的冲动。

3. 熟悉目标论坛，了解网站的目标受众的个性喜好很重要

目标论坛确定后，先不要急于发帖，先了解一下论坛的规则和用户特点。如哪些板块最火、各板块的主题特色是什么、论坛用户的特点是什么、喜欢什么样的内容、哪些板块适合发这些帖子、论坛对这些帖子的管理态度和管理尺度有多大等。所谓知己知彼，百战不殆，先花点时间充分了解论坛，是相当值得的。这可以让你免做无用功，不要一看到自己的目标受众集中的论坛，就什么都不看地去发帖，网络推广编辑指出：找到目标论坛就发广告帖，这样很容易被删帖，同时也会被版主给盯上。所以在发帖之前一定要认真了解论坛，了解什么时候是它的流量高峰，论坛受众有什么喜好，对哪个方面的话题特别关注，之后再发帖的成功率要高一些。

4. 注册马甲，混个脸熟

现在就到了关键的一步，注册马甲。在同一个论坛，尽可能多注册一些马甲，如果能通过一些渠道，成为论坛里的老 ID 是最好的。此步骤要注意以下事项：

（1）完善个人资料。个人资料越丰富，就越容易让大家对你产生好感和信任感。如联系方式、个性化签名等。特别是头像，尽量上传自己的真人照片，或是上传比较有亲和力的明星头像。

（2）马甲名字要尽量有特色。一个有特色、有亲和力的名字，会让人第一眼就记住

你。如在以茶忆友论坛里，也经常有人去做论坛推广，但是有些马甲名字真的很烂，一看就知道是来做广告的，基本上还没开始发广告，就已经被排斥了。还有一些根本不符合用词习惯，如白日磨牙、玉兰妖这样的名字。

（3）积极提升论坛等级。千万不要注册完马甲，就马上发软文。要多和会员互动，特别是要和老会员、版主混熟，经常支持论坛版主或管理员发布的帖子，遇到节日或版主生日，发消息祝贺，先建立感情。互动的时候，不要用回帖机回帖，或一味地灌水，单纯地追求论坛积分和等级；要让论坛里的版主和会员感受到，是实实在在的真人在和他们正常交流。注意其他会员有什么疑难问题，如果你能解决，就积极回答。久而久之，通过你的帖子看到你既有相应的专业知识，又热心助人，大家心目中自然会建立起一个权威形象。这时你所推广的任何产品或服务，也会被大家所信任。

（4）适当地与人争论，让人记住你。快速融入一个新论坛的最好方法，不是顺着别人顶帖说好话，而是发表一些自己原创的、独特的看法和见解。争议越大、观点越独特，别人才会越关注你，但要记住，我们的目的是融入，一定要把控好尺度，不要过火，不要最后落得人人喊打的地步。

一般一个马甲连续活跃三天，就能让人记住。之后的一个星期每天适当地活跃一下，那大家就会记住了。请记住这个经验，按照这个来做，不会有什么大的差错。

5. 顶帖技巧

一般先用准备好的账号去顶帖，进行一些引导，再用发主题帖的账号去回复，顶帖不要一味地就是：不错、很好、我去看了很不错等。一定要结合帖子的内容和其他人的回帖内容，如果出现在帖子里吵架的情况是最好的，这个帖子就不用你自己努力地顶了。

另外顶帖的时间频率一定要按该版区的刷新频率来，而且不要发了主题内容，就马上换马甲回复，这样也是不好的，容易看出是自己在顶。

6. 顶别人帖并加链接

选人气高、回复少、主题内容没有链接的帖子，进行顶帖加推广链接。当然内容上一定要选择和别人帖子内容有关联的帖子进行推广。

7. 论坛引爆点

所有做过营销的人都知道这个概念，要想炒作一个事件，必须要有引爆点。凤姐的引爆点是“前无古人后无来者的美貌和智慧”。这样的例子不用多说了，看看各大论坛上火爆的帖子就可以了解了。

四、论坛内容的写作技巧

经过前面的准备，马甲等硬件条件都已经具备了，现在是万事俱备，只欠东风。下面就是最重要的部分：内容。主要有五点注意事项：

1. 标题

标题是网友们看见帖子的第一印象，如果想让更多的人看你发出去的帖子，那么标题一定要做得够显眼、劲爆、吸引他人的眼球，不管内容好不好，先起个好题目。显眼：在版区规则范围内，可以在标题里增加一些相应的特殊符号，让你的标题在帖子列表里更突出、与众不同，吸引人点击。小小的标题就价值千万百万，是毫不过分的。贾君鹏事件传播力度最广的就是他的标题“贾君鹏你妈妈喊你回家吃饭”。犀利哥、小月月这类人物，带来的商业价值何止一百万。商业价值体现的前提就是有一个好的标题。点击率超高也是因为有一个好的标题，但是要分清楚一点，如果你是商业营销，切不可只做标题党。点击率和用户黏度是两码事，商业价值体现在能否把用户留住，标题只是起到吸引点击的目的。火得起来的帖子都是标题与内容两者兼具的。

2. 曲折跌宕的情节

帖子中间穿插各种离奇的情节，各种曲折的事件，各种黎明前黑暗的铺垫，好比电影一样精彩。《哈利波特》的成功在于总是能发生意外的情节，好看的地方在哪里？不是开头也不是结局，而是中间的过程。围观的人越多，越需要噱头。

3. 连载的帖子更吸引人

帖子写得像小说，而且是连载式的小说，这样的帖子最能引起人们的持续关注。如《一千零一夜》的故事一样，国王之所以没杀这个女孩就是因为想继续听她讲明天的故事，我们会发现一些普普通通的帖子之所以会被置顶，就是因为它的真实，它的连载。

4. 抄袭中融入创意

××体、××帝的出现，让很多企业去模仿抄袭。这种模式很便捷，可以迅速获得认可。不过里面总得适当增加些创意才行，原封不动地抄袭肯定是行不通的。××体的小小创意，就让××体原地满血复活。

5. 图文并茂

比起文字内容，图片有更好的视觉体验；比起视频内容，图片有更好的传播便利性。任何时间+Ps帝就能在论坛里呼风唤雨。这样的例子还少吗？五道杠+Ps帝，凡客体+Ps帝，高手在民间。在人类进入“读图时代”的今天，图片就是整个事件的画龙点睛之笔。

五、论坛文案的形式

论坛文案，是指在新浪、网易、天涯、搜狐等综合性论坛上发布的文字。论坛营销文案，主要目的也是推销产品。一篇论坛帖子或文章由文字+图片组成，还有一些会加入视频、音频、Flash等元素推广自己的产品，使网络上的潜在顾客发现这些产品并购买它。论坛文案主要有以下七种形式：

1. 事件式

事件式是指利用社会热点和网络热点来吸引眼球，从而赚取高点击和转载率。如“贾君鹏事件”。

贾君鹏，网络虚拟人物。2009年7月16日，百度魔兽世界吧发表了一个名为“贾君鹏你妈妈喊你回家吃饭”的帖子，短短五六个小时内被逾39万名网友浏览，引来超过1.7万条回复，被网友称为“网络奇迹”。“贾君鹏你妈妈喊你回家吃饭”也迅速成为流行语。“贾君鹏事件”中，由于魔兽停运期间大批量魔兽玩家期盼游戏早日上线，帖子中玩家以妈妈的口吻呼唤“贾君鹏”，即魔兽世界，“早点回家吃饭”即早日上线，通过大量魔兽玩家聚合在魔兽世界吧的呼声对网络及社会所产生的影响力，造就了“贾君鹏事件”

的热潮。

这个事件抓住玩家渴望魔兽世界早日上线的心情，在百度魔兽玩家聚合的社会化媒体百度魔兽世界吧中创意性地抓住玩家的眼球，发出“贾君鹏你妈妈喊你回家吃饭”的呼声。实现品牌与受众的直接对话互动，从百度魔兽世界吧帖子到网络流行语，连通众多社会化媒体，实现品牌的迅速扩散。

2. 亲历式

利用第三者的身份，讲述身边朋友真实的生活故事和体验效果的文章。这就是亲历式论坛营销例子，虽然这种形式是明显的广告，但是赚取的点击率也不少。所谓周瑜打黄盖，一个愿打一个愿挨。只要有需要肯定就会点击浏览。这也是广大策划人员常用的表现形式之一。如在各大门户网站发布的《雅莱减肥饼干带来的雨中情缘》一文。

雅莱减肥饼干带来的雨中情缘

我记得那是一个周六的上午，该死的燕子说好过来找我取雅莱减肥饼干的。她没有支付宝，让我帮她从优健康网上订购。结果早上下起了小雨，一向懒惰的她被同事们称为“燕子猪”。“来我家吃饭吧！”一条短信发了过来就关机了。

这不明摆着让我送过去嘛！岂有此理，得过去好好宰她一顿。于是我赶紧收拾好东西，抓起雨伞就出门了。

我家离地铁口不远，穿过国贸的一个停车场就到了。左手拎着给“燕子猪”的雅莱减肥饼干，右手撑着伞。毛毛细雨，尽管不大，但是让人感到阴冷。我走得很快。

“嘎——”，我只听到了一声急刹，就什么也不知道了。等我再次醒来的时候，已经躺在医院的床上。身边一双陌生男子的眼睛紧张地注视着我。

“真对不起，我着急倒车，后雨刷器不好用了。你现在怎么样?”

我尝试着坐了起来，发现除了右腿和右胳膊有些酸痛外，并没有其他异样，我明白了，自己是被他撞倒了，而且我基本确信没什么大问题。

我点点头，告诉他我没事。顺便仔细打量了一下他。个子虽然不高，长相也不算英俊，但是比较清秀，算比较阳光的那种男孩子。

“那就好，还是等一下护士来复查一下吧！”反正是他撞了我，我自然没有拒绝。接下来的时间我们攀谈起来。

他叫成宇，在国贸上班，是一家 IT 企业的销售总监，周末来公司取东西，倒车的时候着急，速度又快，才撞到了我。医生给我诊断是休克，估计是惊吓过度造成的。

很快，护士进来了。为我量了量血压和体温，确认我没有问题了，通知我们可以离开医院了。这时候我想起要给“燕子猪”打电话，从包里拿出手机，才发现手机摔坏了。原来，成宇在我摔倒后，匆忙捡起手机塞到包里就送我到了医院，没有注意到。另外，雅莱减肥饼干掉在地上，被车子压坏了，他也没有捡。

“你看，我怎么赔你吧?”还没等我说话，成宇开了口。

"你看着办吧。"不知道为什么，我对他的温文尔雅竟然有了莫名的好感。本来想讹他一小笔银子，话到嘴边改了口。"这样吧，你把手机卡拿走，旧手机得给我，我明天赔你个新手机。另外，你那个饼干多少钱？你去哪里？我送你过去吧。"

就这样，成宇开车送我到了"燕子猪"的公寓。一见"燕子猪"，成宇差点乐出声。她确实有些胖，再加上快到中午了，联系不上我也显得有些惊慌失措。

接下来，成宇请客，这下便宜了"燕子猪"。她也不怕胖了，吃得沟满壕平。吃完还不忘提醒我给她再买国氏旗下的雅莱减肥饼干，外加四包纤美减肥茶。估计这个家伙一定是说给成宇听的。幸亏她没再要国氏全营养素，即使这些产品大家都知道是健康有效的，没有任何副作用，不过一次性要这么多还是有讹人家成宇的感觉。

成宇真的履行了他的承诺。送了我一部 iPhone 4 手机，还给"燕子猪"买了六盒雅莱减肥饼干和六包纤美减肥茶。

再接下来，就是我们三个偶尔的聚会、外出游玩、看电影了。

如今，"燕子猪"减肥成功，成宇成了我的男朋友。成宇有事业心，对我很体贴，也很有修养，被我们同事评为最佳男友。用"燕子猪"的话说，我和成宇是撞出来的缘分，火花太大了。但是归根到底，还是雅莱减肥饼干成就了我们的这一次激情碰撞。为了纪念这一碰撞，成宇必须再送她妹妹一份雅莱减肥饼干和纤美减肥茶套餐。

（资料来源：雅莱减肥饼干带来的雨中情缘，大河网，2011-05-06.）

这种第一人称的写作手法可以增加事件的真实性，引起读者的好感。如果标题改为"我的男友是撞出来的"，文章开始不植入广告，只是讲故事情节，并让情节更曲折一点，效果会更好。

3. 分享式

以快乐分享为主，分享体验效果，能够给网友一定的信息价值。主要的例子有很多：

标题：×××产品真是超给力呀！有没有人用过？

内容：前几天在网上买了×××产品，用了几次，真是好用啊！有谁用过吗？我不是做广告哦，纯粹无私分享……

这个方法在服装、化妆品上用得比较多，女性人群比较喜欢从别人的分享中获得更多信息，虽然有些明显是广告，但总比没有分享产品的信息靠谱。如果文案写得好，会让更多人产生想尝试的心理。

4. 新闻式

重大新闻事件发生后，都会引起社会各界的讨论，在媒体上也会形成多种声音。撰写软文如果抓住这种机会，将主要观点汇总梳理，再加入自己的观点，将很快吸引广大网友的关注。如"瘦肉精"事件中"彼特博"高端乳酸猪推广者撰写的《瘦肉精是不是个案》《禁止瘦肉精为什么这么难》《彼特博品牌猪肉京津受宠》等软文一发布，各大网络媒体便大量转载。

禁止瘦肉精为什么这么难

瘦肉精问题，只是发生在河南的个案，还是大面积甚至普遍存在，已经引起了越来越多关心食品安全问题的网友关注。特别值得提出的是，政府相关部门对于瘦肉精的源头至今没有给出肯定的答案。禁止瘦肉精为何这么难呢？笔者认为原因主要在以下几个方面：

首先，从利益方面讲，瘦肉精已经形成了完整的产业链，有高额的利润诱惑，哪个环节的得利者都不会轻言放弃。在商言商，生猪产业、饲料产业市场化程度比较高，为了利益不惜违背道德与法律的底线。更何况，瘦肉精成为行业普遍问题的违法成本非常低。一方面是高额的利润，一方面是极低的违法成本，不犯错的概率可想而知。

其次，政府监管力不从心。我们不能把任何问题都归咎于政府，瘦肉精表现形式多样，政府基层监管部门人手少、经费少，协调其他部门困难，对于瘦肉精这种涉及产业链上各个环节利益的复杂问题，显得力不从心。但是“三聚氰胺”“瘦肉精”等事件暴露出来的监管问责制的缺失必须完善，做与不做是态度问题，能不能做到是能力问题。

再次，瘦肉精源头仍然是个谜。打蛇要打七寸，就像毒品的相关法律责任，种植、贩卖、使用、运输各个环节都要承担刑事责任。同样，如果瘦肉精一直追到根源，是能够很大程度地禁止其流入市场的。从这个意义上说，我们应该能够理解双汇董事长万隆在万人大会上所讲的“双汇也是受害者”。

最后，消费者要了解食品安全知识和减少盲目消费。近年来，随着人们生活水平的日益提高，购买猪肉都喜欢要瘦肉，作为自然生长的猪，瘦肉比率是一定的。人们都去买瘦肉，猪肉屠宰环节必然为了保证效益以猪的瘦肉率来考量。顺推到下一个环节，生猪的收购商、饲养者也都会被动地被瘦肉率来控制。双汇的品质保证的十八项监控指标没有瘦肉率，但是给生猪收购商的价格却把瘦肉率作为了决定性指标。

综上所述，瘦肉精问题真的不是简单的几次全国范围内的检查就能解决掉的。据天农康嘉生态养殖有限公司董事长、美国动物营养学博士余品良介绍，目前如果真正从生猪出栏到屠宰，全程不使用任何添加剂，难度非常大，如果真能做到，成本会非常高。彼特博高端猪肉做到了饲养过程中不使用任何添加剂，成本就比普通猪肉高出了几倍。随着消费者认识程度的提高，这种猪肉也正在被越来越多的高端客户接受。

如果说“瘦肉精”事件中猪贩子绑架了养殖户，那么屠宰场则绑架了猪贩子，肉制品企业则绑架了屠宰场，而造成这种问题的所有根源是10多亿中国消费者对瘦肉的日益增长的需求。需求不能改变，这是国内人民生活水平显著提高的标志。然而，消费者的消费观念以及偏好、辨别能力、生猪的饲养模式、猪肉行业的发展却是可以前瞻并进行引导的。

（资料来源：青泉．禁止瘦肉精为什么这么难．第一食品网，2011-04-07.）

这篇文章紧紧围绕“瘦肉精”事件这一话题，对这一事件进行分析、评论，评论中不加入任何软文推广的目标，显得客观公正。全面分析“禁止瘦肉精很难”的原因，自然引出彼特博“严格不使用任何添加剂，成本非常高”的困难，借助新闻事件，推广自己的产品。

5. 揭秘式

人类有一个特点——好奇。什么事情都有探个究竟的喜好。适度地曝光行业内幕，会赢得广泛关注。如《整形医生披露行业内幕：多数韩国医生是假冒》。

整形医生披露行业内幕：多数韩国医生是假冒

“为了美挨几刀算什么！”当下，整形成为很多爱美女性的时尚选择。有人甚至抱着“没有最美，只有更美”的心态，恨不得将自己全身上下都整一遍。有消息称，中国已经成为全球第三大整形国家。然而，记者调查发现，火爆的整形市场处处潜藏危机。刀尖下寻美，若不小心，“步步精心”就变成“步步惊心”。

市场火爆伴随事故频发

近十年来，中国整形市场迅速成长，甚至被认为是继买房、买车、旅游之后的第四大消费热点。目前，中国整形市场实现产值达到 3 000 亿元左右，行业从业人员超过 2 000 万人，行业年发展速度平均呈 40% 以上的增长态势。

浙江大学医学院附属第一医院整形外科主任徐靖宏是杭州知名整形医生，他说：“以前大家对整容整形很不屑，现在则已经成为一种时尚。”他现在每天几乎都要加班到晚上，手术预约已经排到了两三个月之后。

记者在杭州另外一家民营整形医院采访时看到，来这里咨询的人络绎不绝。这家医院业务科室的工作人员说，他们一年整形手术的数量超过 1 万例，并以每年 30% 的速度递增。“现在是整形行业的春天。”该医院的工作人员吴文静说。

然而，与“美丽”伴随的是事故频发。中国消费者协会的一项统计称，中国整形业兴起的近十年中，平均每年因美容整形毁容毁形的投诉近两万起。2010 年，“超女”王贝在做面部整形手术过程中意外死亡的事件，引发全民对整形行业规范问题的热议。

“韩国医生”可能是假的

“我做的手术当中，有 1/4 的人是第一次在别的地方整形失败了而来找我补救的。”徐靖宏说，多数失败的整形都是由非法医疗造成的。

徐靖宏说，最突出的问题是，美容院没有资质开展整形业务，但是部分美容院为了牟取暴利，非法为顾客注射肉毒素、玻尿酸，隆鼻、开双眼皮等，导致毁容事件时有发生。

记者调查发现，医疗美容执业医生应该具备三证——“医师资格证”“医师执业证”“医疗美容主诊医生执业资格证”，但一些不正规的整形医院或美容院存在大量无证上岗的情况。

业内人士还透露，目前整形行业混乱，一些国家从未批准或者被叫停的整形项目，如溶脂针、干细胞注射美容在市场上依旧流行。“网络上虚假信息太多了，很多被广告吹得天花乱坠，而科学信息却不畅通，导致消费者根本无法辨别。”

此外，现在整形机构以各种噱头吸引爱美女性，如走在大街小巷，不少整形广告都号称自家的整形医生来自韩国，且是最顶尖的，为很多明星都操过刀。但事实上，业内人士表示，所谓的韩国一流的医生多数是假冒的，或者仅仅是韩国的“江湖医生”。“好的韩国医生在当地都忙不过来呢，哪有空跑中国来？”

暴利是当下很多整形和美容机构铤而走险的原因。“成本几百元的东西，常常卖到上万元，且收费很乱。”一位业内人士说。

记者调查中发现，同样的项目，民营医院的报价要比公立医院贵三到五倍，甚至十倍以上。如当前流行的肉毒素瘦脸项目，公立医院的收费一般不超过2 000元，而在记者咨询的五家民营医院中，有四家报价超过万元，有一家甚至开口要两万元。“如果是我们院长做，另外得加两万元的专家费。”一家医院的工作人员说。

来整形的多数是“美女”

曾在公立医院整形科工作20多年的美容主任医师谭燕表示，美容整形要营造良好有序的市场发展氛围。首先，需要医务人员加强自律，使用正规的产品并提高技术；其次，经营者要以诚信的市场营销引导消费者；更重要的是，卫生部门也应积极制定市场规范，设置技术门槛，加强监督和惩处力度。

专家们还呼吁，女性不要追求过度美容。“现在来整形的多数是‘美女’。”在采访中一家整形医院的前台称，现在大家追求的是“没有最美，只有更美”。

“很多人只是在心理上有障碍，别人看来已经很漂亮了，但她自己总是钻牛角尖，觉得还不够完美。”徐靖宏说，来找他咨询的人中有30%是不需要整形的，或者整形没有多少效果的，对这部分人，他总是想办法劝她们放弃投资外表，转去投资心灵。

（资料来源：佚名．整形医生披露行业内幕：多数韩国医生是假冒．新华网，2013－03－14.）

这篇文章采用新闻报道的语言，以“揭内幕形式”展开，文章开头用了恐吓式的写法，从“平均每年因美容整形毁容毁形的投诉近两万起”的宏观数据，到“‘超女’王贝因做面部整形手术时发生意外死亡”的微观证明，自然引出“韩国医生可能是假的”“来整形的多数是美女”的观点，逻辑严密，非常有说服力。在文中没有刻意强调浙江大学医学院附属第一医院整形外科和整形外科主任徐靖宏，但却让广告隐藏其中。

6. 幽默式

以轻松、搞笑、有趣的方式表达，能够给网友带来会心一笑。最具代表性的还是病毒营销事件“杜甫很忙”，让网友在参与改图的过程中获得乐趣，也让围观的网友记忆深刻。

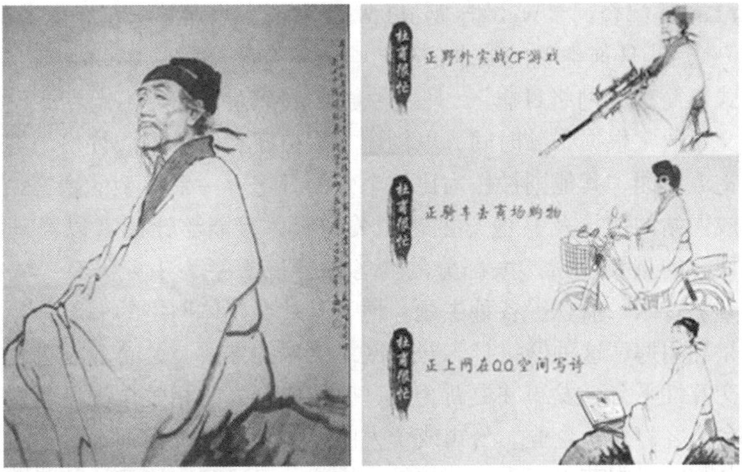

图4－1

7. 拆台式

在大街上两人吵架，无论路人的脚步多匆忙，都一定会留意到，可见制造矛盾，两方或多方参与战争会大大提高品牌的知名度。在适度披露信息的情况下，拆台也是一种不错的销售方式，如加多宝和王老吉之争，加多宝无论是广告还是软文策划都是这种思路，一直围绕与王老吉的矛盾做文章，硬生生地拆王老吉的台。

除了以上七大论坛营销文案表现形式外，论坛文案的写作方式还可以从融入历史故事、傍明星或品牌的知名度、趣味性、联想性等方面着手，论坛营销文案的创意在于要写什么内容，内容新鲜则帖子新鲜，点击看的人就多。一个产品，由于消费者的层次不一样，网络语言接受方式也不同，因此，要从不同的角度和方向去推广。所谓，条条大路通罗马，各人有各人的走法。所以需要独辟蹊径，从大家平时没注意到的细节、但又确实是独特的角度，发表自己的独到见解，才能吸引眼球达到营销目的！

任务3　博客、微博推广

任务描述：

1. 申请博客、微博账号
2. 运用博客推广
3. 运用微博推广

一、博客推广

中文“博客”一词，源于英文单词Blog/Blogger。Blog，是Weblog的简称。Weblog，

其实是 Web 和 Log 的组合词。Web 指 World Wide Web，当然是指互联网了；Log 的原义则是“航海日志”，后指任何类型的流水记录。合在一起来理解，Weblog 就是在网络上的一种流水记录形式，简称“网络日志”，是一种通常由个人管理、不定期张贴新的文章的网站。博客上的文章通常根据张贴时间，以倒序方式由新到旧排列。许多博客专注在特定的课题上提供评论或新闻，其他则被作为比较个人的日记。一个典型的博客结合了文字、图像、其他博客或网站的链接及其他与主题相关的媒体，能够让读者以互动的方式留下意见，这是许多博客的重要因素。大部分的博客内容以文字为主，仍有一些博客专注于艺术、摄影、视频、音乐、播客等各种主题。博客是社会媒体网络的一部分。

博客营销是利用博客这种网络日志开展网络营销的方式，是企业、公司或者个人利用博客这种网络交互性平台，发布并更新企业、公司或个人的相关概况及信息，并密切关注和及时回复平台上客户对于企业、公司或个人的相关疑问以及咨询，且通过较强的博客平台帮助企业或公司零成本获得搜索引擎的较前排位，以达到宣传目的的营销手段。

二、博客营销的特点及优势

博客营销是“软营销”，是新“文化”营销，是传统的人际网络型关系营销与互联网营销的结合，通过“口碑”和“理念”来影响用户，达到使企业信息在用户间迅速传播的目的。企业可以通过博客营销塑造自身形象，传递企业文化，并可与用户直接互动，具有鲜明的特点和优势。

1. 影响力大，引导网络舆论潮流

博客营销的本质在于争夺话语权，说得直白一点，写博客就是为了昭告天下。博客并不是直接发布产品介绍，也不是发布公司新闻，而是获得话语权，建立权威地位后偶尔提一下某个产品或服务，在潜移默化中影响用户的购买决定。企业、公司或者个人利用博客强大的传播平台，与社会建立沟通，用宣传、互动等手法让社会认识并了解企业的文化、产品等各方面的信息，渐渐成为网民们的“意见领袖”，引导着网民的舆论潮流。比如“上海钓鱼执法”事件，最早就是被韩寒的博客曝光并引起人们关注的；再比如叶檀博客的影响力，甚至超越了许多普通媒体。博客的这种影响力，被正确引导和运用，将成为企业营销的一大助力，达到宣传目的和营销目的。

2. 互动传播性强，信任程度高

企业可以通过博客与社会互动。企业博客不仅仅要架起企业和用户之间的桥梁，还要让社会看到企业的发展情况、经营理念、立场观点等。企业和用户间通过企业博客互动，可以增进企业与用户以及用户之间的接触和沟通，通过交流为用户提供一体化、系统化的服务，建立有机联系，形成互相需求、利益共享的关系，共同发展。博客在网民中的口碑较高，绝大多数网民宁愿相信博客发布的消息，也不相信商业网站发布的新闻。据有关调查显示，博客对网民购物决策形成较大影响，网民对博客广告的信任度高于社区网站广告。

3. 方便管理

博客的建立十分方便，只需几个步骤就可拥有一个属于自己的博客，且具有统一的管理后台，增删文章、发表评论和回复等操作都提倡人性化、易控性，任何人不需专业技术知识的支持都能熟练地使用博客。

4. 形式丰富

博客的文章内容丰富多彩，形式多种多样。如采用附属博客的形式，在知名网站中植入企业博客广告，将产品广告巧妙地放置在企业博客中；如广告歌曲也可直接作为企业博客的背景音乐。企业如果选择娱乐名人作为企业广告代言人，可以在博客上利用其知名度来吸引潜在用户。

三、注册博客

目前各种网络知名平台基本都提供博客平台，如新浪、网易、搜狐、腾讯、百度、阿里、天涯、猫扑、企博网、博客大巴、博客网等，还有各行业的新闻门户博客平台等。以下是注册博客的步骤演示，首先选择一个平台，如新浪博客。

新浪博客注册步骤演示：

第一步，打开新浪网。

图 4－2

第二步，在新浪网首页上部的目录中，找到“博客”，点击进入。

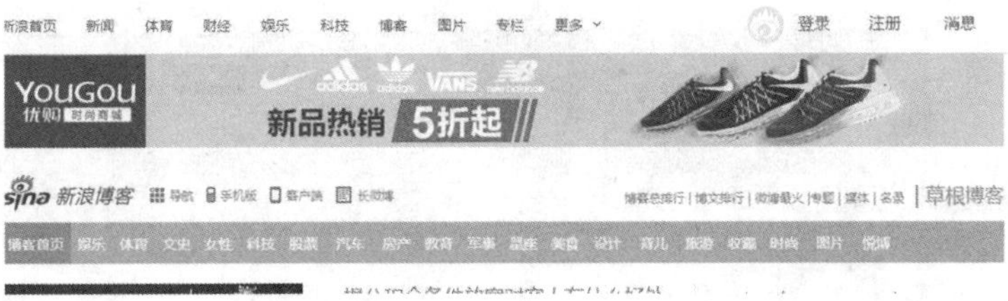

图 4－3

第三步，在打开的网页中，点击“注册”，打开博客注册表，按要求认真登记注册，填写无误后，点击底部的“立即注册”按钮，如有错误，系统会出现红色出错提示，纠正后，继续。

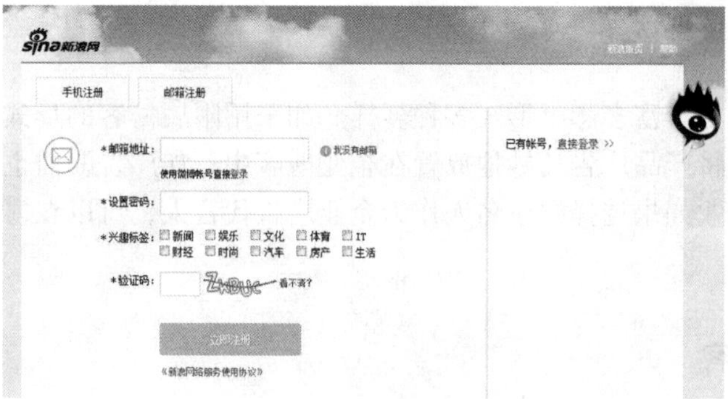

图 4－4

第四步，成功后出现图 4－5 这样的页面，注册成功进入邮箱激活博客。

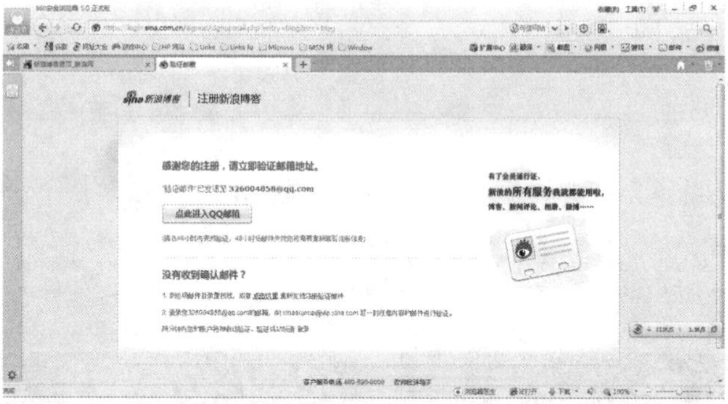

图 4－5

第五步，打开邮件激活并登录博客。

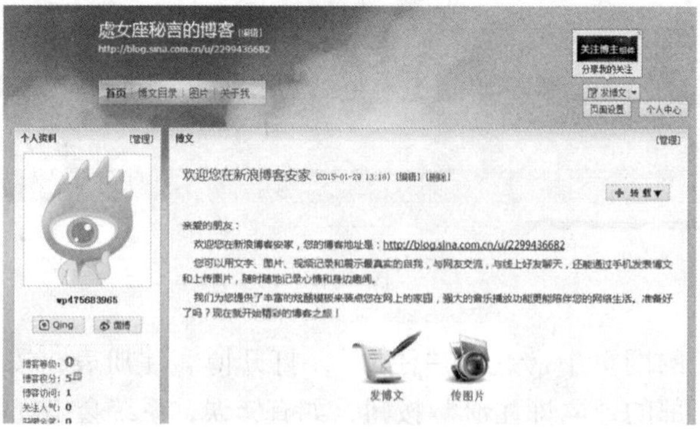

图 4－6

第六步，打开自己的博客后，如想修改，点击博客左上角目录中的“管理”，进入管理修改、完善自己的个人资料。

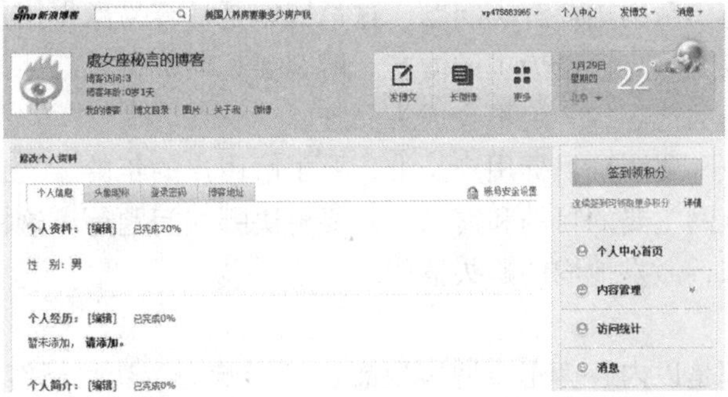

图 4－7

第七步，点击博客右上角的“发博文”，即可进入新页面发表自己的文章。

图 4－8

其他博客平台的注册与新浪博客的注册方法大同小异，目前各知名网络平台基本都提供博客平台。这么多博客平台，应该如何选择？这还是要根据博客营销目的和行业特征及目标客户特征来选择。对于企业来说，通常做法是注册多个平台，然后选择一个为主来运营，其他的都同步协同。

四、博客营销策略及推广方法

1. 定位

第一，博客定位。想成为品牌博客，在定位上一定要体现差异化，尽可能地位于一个空白的领域。对于网络营销推广类的博客，可以按不同手段细分，如论坛营销博客、软文营销博客、SEO 博客、SEM 博客等；也可以按网站类型来分，如地方站推广专家、行业站推广专家等；或按行业来分，如美食推广专家、服装推广专家；还可以按具体产品来分，如手机营销专家、农产品营销专家等。

第二，内容定位。内容一定要围绕用户的喜好和需求来写。首先以分享型为最佳，如分享各种经验、技巧，帮助用户解决问题，这类博客是最容易赢得用户关注的。其次是传播思想型，如以发表观点与评论为主的博客。博客要长期坚持更新，最好一日一篇优质原创内容。长期不更新的博客，一定不会成为品牌。

第三，用户定位。要明确目标用户是谁，要了解用户的年龄、文化层次，用户主要的网络行为和习惯，上网主要的目的和需求，需要解决哪些问题等。这样才能使目标用户与自己的产品联系起来，激发他们的购买欲望。

2. 内容

任何营销传播都是以内容为王。博客要想产生影响力、让目标客户喜欢和经常访问，那一定要有足够有价值的内容。博客中的内容不要一味转载，应以原创为主。而且文章总的思想应该是重在给予和分享，要能够帮助用户解决问题，或是让他们学到知识，因为这能帮助目标受众解决问题，对他们是有价值的。有几种内容比较容易赢得用户认可。

第一，有价值的消息、新闻。这里说的新闻不是指转载来的新闻或是人人都知道的消息，而是一些比较特别的内容，如各种内幕，或是发生在国外的新鲜事等，核心思想是满足人们的八卦、猎奇心理。

例如：VisaUSA 在 2005 年 10 月份发布了他们的第一个博客，叫作都灵之旅：www. journeytotorino. com。该博客网站以冬奥会体育新闻为内容主题，包含采访运动员的 podcasts 音频内容。值得注意的是，Visa 没有特意推广这个博客站，同时除了网站 logo 和页面底部的说明“Brought to you by VisaUSA”，内容中也没有提到 Visa 公司。他们的目的是想考察通过病毒性传播手段，这个博客宣传能够达到何种传播效果。结果显示，网站用户数量从一小部分读者开始发展到每天 300 人，2006 年 1 月份第一周读者人数达到 1 万人。

（资料来源：如何建立成功的企业博客营销．营销中国，2011－06－28.）

第二，犀利评论、传播思想。用观点与思想说话，最容易折服他人。所以如果评论够犀利、思想够先进，那就用它们去影响别人。大部分名博和名人博客，都是以此类文章为主。如比较典型的有韩寒的博客、叶檀的博客。

第三，分享知识、经验。免费的东西人人想要，特别是好的经验与知识，更是无价之宝。所以当通过博客免费分享经验、传播知识时，必将获得用户的认可。他们在受益之余，会用口碑来回报我们。

例如：伦敦有个叫托马斯·马洪的裁缝，他在伦敦的媒体曝光率很高，曾接受过数十家杂志与报纸的专题访问，他的生意也做得红红火火，这一切全是因为他的博客。

托马斯·马洪将博客定位成一个分享交流型平台。英国是一个讲究绅士风度的国家，非常注重礼仪和形象，特别是男士都穿西装。马洪博客的主题主要是围绕西装展开，分享和讨论关于高级定制西服的话题。通过博客，马洪让读者了解了缝制西装的一些细节、挑选西装的方法等各种有价值的信息。偶尔还会曝光一些行业潜规则，分享各种实战经验等。

有时还会发表一些轻松幽默的英式小笑话，并时常在博客中与大家互动，解答他们提出的各种问题，甚至给在博客中表现活跃的读者送去西装。众多粉丝在他的博客中学到知识和经验，也为他赢得了更多的口碑，使他的生意越做越好。

（资料来源：博客营销的经典案例．网络营销学习网，2014-12-08.）

第四，引起争议、舆论。争议性的话题是最容易激发用户关注的内容形式。如果博客中写的内容能够适当地带来一些争议，能够引发舆论，则会受到非常多的关注。这也是为什么一些明星、名人和专家等，总喜欢在博客中说一些带有争议性的话的原因，不是他们真的想说这些话，而是想通过这些言论引起大众的关注，获得知名度，如汶川地震中的“范跑跑”事件。

3. 定时更新

博客是日记格式的网站，只有经常更新才能留住老读者，吸引新读者。这一点和新闻及门户类网站比较相似。

博客的更新最好定时，形成一定的间隔规律，使读者有个明确的心理预期，知道该什么时候来看你的博客，如每天更新，或者每星期一更新，又或者是一、三、五更新。每周更新多少次，或在哪一天更新并不重要，重要的是形成规律。博客篇幅不一定要很长，有话则说，无话则短。有时一两句感想，也足以引起读者的兴趣和讨论，只要不是无病呻吟就可以了。

4. 在其他博客留言

看到自己感兴趣的话题，在其他博客留言发表自己的想法也是推广自己博客的重要手段之一。这个方法虽然简单，但效果很好。通过留言推广自己的博客，不仅可以带来其他读者的直接点击流量，更重要的是可以让对方博主对你有印象，注意到你，欣赏你的评论，并向其他读者推荐你的博客。

留言需要包含自己的见解，而不是垃圾留言，如顶、支持等。同时留言时应该填写自己的真实姓名或网名，最好是统一使用自己的独特的网名（真实姓名），持之以恒建立自己的信誉度和知名度。

要有效利用留言推广，首先要做些调查研究，找出本行业中权威性的博客。比较一下对方博客的种子订阅数、留言数、流量，有一些博客还在页面上显示帖子浏览次数，由此可以大致知道这个博客有多活跃、多权威。

5. 加入博客圈

加入博客圈，可以进行好友的站内信群发、平台内的论坛、博客和微博的整合同步等。这些方式虽然简单，但非常有效，甚至可以自己组建博客圈。

6. 数据分析

和网站一样，博客也需要进行数据分析。博客访问数、博客被关注度、博客好友增加数量、博客文章访问量、博客文章被推荐篇数、博客有没有留言咨询、博客留言和评论率高不高、有没有电话咨询、博客的百度排名如何等，这些都需要进行数据分析。只有进行了数据统计和分析，才能判断开展博客营销的资源投入和回报情况比例如何，策略是否正确，是否需要改进和调整。

7. 谨慎处理负面评论

企业博客对留言中的负面评论的处理需要采取正确、谨慎的态度，尤其不要轻易删除负面评论。只要用户留言并没有谩骂、诽谤，对公司产品的批评意见就应该保留，并且由专人给予回复和跟踪。

没有理由地删除负面评论，常常会激怒读者和用户。如果这些用户到其他博客、论坛广泛传播批评言论被删的事情，反而会使企业陷入被动。

8. 利用名人效应

借助名人名博与行业专家广告、代言及链接的方式，提高企业主博客或网站的知名度，以及产品与品牌的知名度，展开博客营销。

名人名博一是指知名人物写的博客，二是指知名的博客。如潘石屹的博客、徐静蕾的博客等。这些博客品牌知名度高、美誉度高。他们对于自己的博客品牌用心呵护，并不会轻率地帮别的企业进行博客宣传和博客营销。

企业借助这些博客为自己的博客品牌、产品或品牌进行代言，通常效果会较好。正因为这些博客并不会轻易帮别人代言，即便代言，也会很挑剔。而一旦成功借势的话，可以利用这些博客较高的美誉度，给企业产品或品牌带来很好的可信度。

9. 注重第三方博客的传播力量

借助第三方博客写手团队或专业的博客营销机构，进行全方位的宣传。

第三方博客是指在企业本身实力有限或经验不足等情况下，借助活跃的博客写手进行博客写作或博客维护。

如可口可乐曾在冬奥会期间付费招募分别来自中国、德国、意大利、加拿大、澳大利亚和美国的六名大学生作为博客写手，从冬奥会观众的角度，以博客的形式实时报道冬奥会，并宣传可口可乐产品。

博客营销看似落伍，实则具有强大的威力，并适用于大部分行业和企业。做好博客营销首先要从策略分析和确定目的模式入手，然后匹配策略的强执行力，一定能取得“小博客，大推广”的效果。

五、微博推广

（一）什么是微博

微博（Weibo），是微型博客（MicroBlog）的简称，即一句话博客，是一种通过关注机制分享简短实时信息的广播式的社交网络平台。

微博是一个基于用户关系信息分享、传播以及获取的平台。用户可以通过 WEB、WAP、MAIL、APP、IM、SMS 等各种客户端组建个人社区，以 140 字以内（包括标点符号）的文字更新信息，并实现即时分享。这些信息可以加入图片、影音和出版物等，微博的关注机制分为可单向、可双向两种。

微博作为一种分享和交流平台，更注重时效性和随意性。微博更能表达出每时每刻的思想和最新动态，可用来沟通，一个人说，其他人听，然后彼此反复讨论，体现出方便、快捷的特性，便于全民参与。

图 4-9

微博的发展是信息时代一场全民参与的运动，作为一个虚拟的网络平台，微博的应用广泛，号称“史上最快的媒体”。它既是一个公关工具，又是社会的缩影。在微博的世界有草根，有名人，有政治家，也有企业家，你可以在微博的世界晒自己的生活，也能在微博的世界关注你感兴趣的对象的身边事以及经典语录。

微博的世界如同“蝴蝶效应”，一传十，十传百，百传千，千传万。千千万万的人，凝聚了力量，这也是营销的巨大潜质。微博营销，成了一种新生的营销手段，其带来的巨大经济效益也是无法估量的。

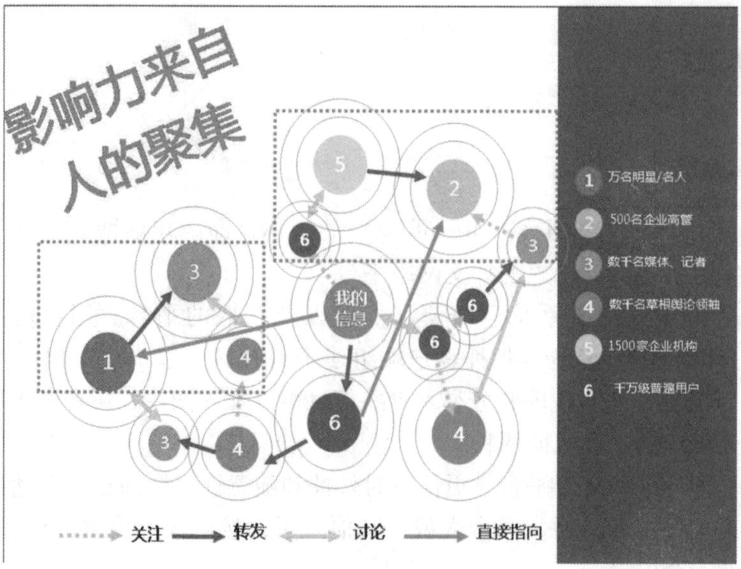

图 4－10

当今国内四大 Twitter 平台：新浪、搜狐、网易、腾讯。

图 4－11

（二）微博使用手册

1. 注册账户

（1）打开新浪网，在新浪网首页上部的目录中，找到“微博”，点击进入。

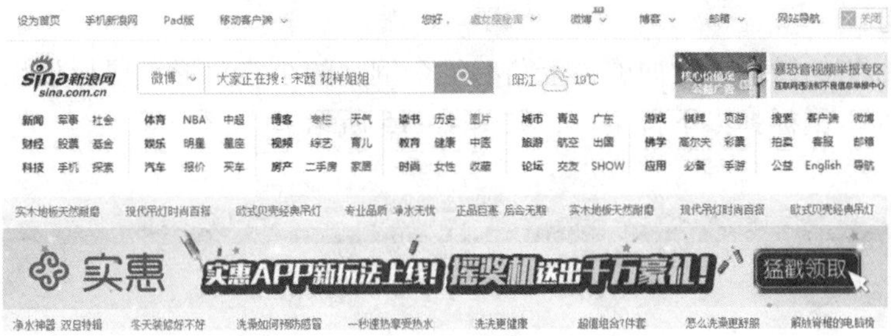

图 4－12

（2）注册。

在注册微博时先想好三个问题。第一，注册微博来做什么？以目的来分，可分为产品、销售、客服、品牌。第二，起什么名字？新浪微博的名称是唯一性的，没有重名。名称最好使用中文、简短清晰、方便记忆、实名或者熟知的昵称，方便粉丝找到你。第三，使用什么样的域名后缀？使用与企业官方网站一致或相近的域名后缀。个性化域名无法修改，第一次设置时要慎重考虑。

图 4－13

图 4－14

2. 标签设置

找到要加标签的微博，微博的右上角有一个倒立的小三角形，鼠标放在上面背景就变成了橘黄色，左击鼠标弹出下拉菜单，如图 4－15 所示。

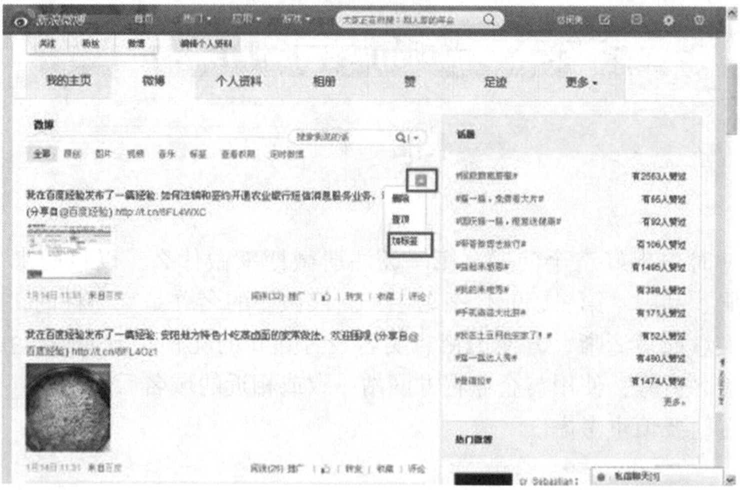

图 4－15

根据微博的内容加上精准的标签，可以让更多的人找到你的微博。

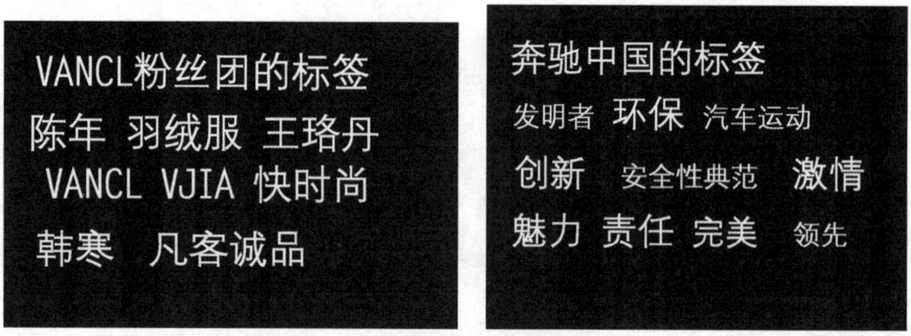

图 4－16

标签上限为十个，可以经常更换。尽量设置与企业、产品贴切的、热门的标签。点击标签可以找到目标粉丝，也方便粉丝找到你。

3. 个人信息设置

选用企业 Logo、吉祥物或个人真实头像，粉丝看到后会觉得熟悉和亲切。在个人信息中可加入关联企业的新浪博客、官方网站、企业新闻网址、产品链接、企业和产品介绍、公告和活动、电话、电子邮箱等资料，让粉丝能第一时间联系你。

图 4－17

图 4－18

4. 关注

有几类微博需要特别关注：娱乐、竞争对手、企业老总和员工、媒体、合作伙伴、公益、经常评论转发你微博的忠实粉丝等，并按类别创建分组，这样更便于管理。

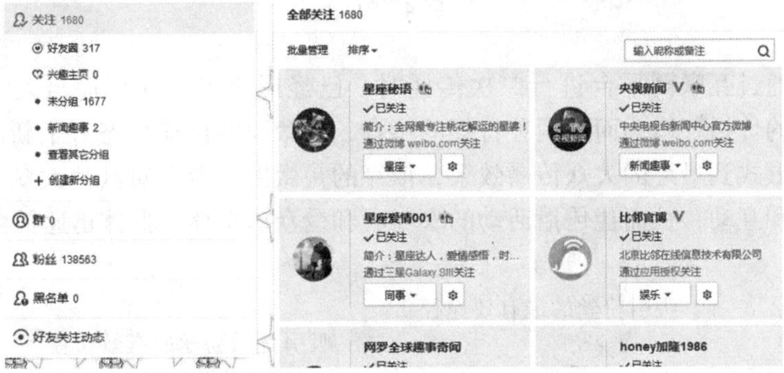

图 4－19

5. 发布微博和评论、转发微博

设置完个人账号后就可以发布自己的微博信息了，发布的内容最好与自己的微博名、微博域名相结合，确定自己微博的主题，可加入一些图片、视频、表情等，内容最好是原创，每天定时更新。

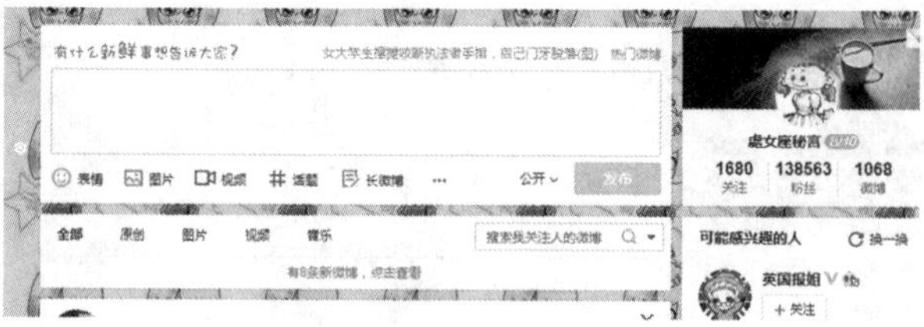

图 4－20

对于别人的微博也可以适当转发、评论，当有粉丝回复时一定要与粉丝互动。

6. 运用微博自带的工具

点击微博“管理中心”，可以利用这里的软件进行数据中心统计与分析、自动回复粉丝、营销推广、定时发布微博等。有规律地进行更新，每天 5～10 条，一小时内不要连发两条，上班、午休、下午 4 点后、晚上 8 点，抓住这些高峰时间发帖，让你的内容有连载性。连载会显著提高粉丝的活跃度。

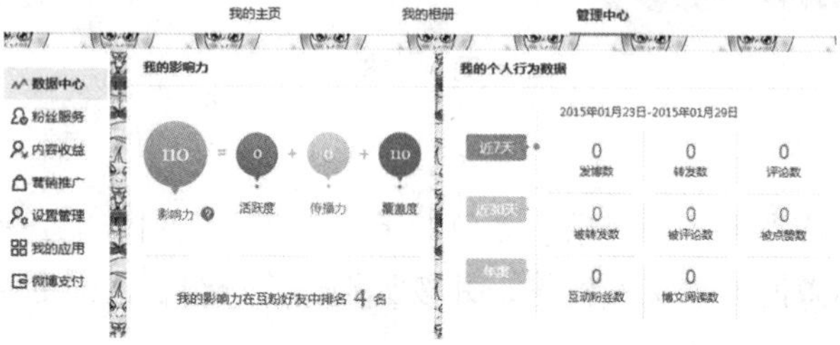

图 4－21

微博信息通过互联网平台进行二次传播时，已经形成了分众传播与大众传播相互交织、相互作用的传播环境，而这两种特征的结合，让微博的传播形态有了新的模式；从最初的分众传播形式到最终的大众传播效果，依靠的是微博平台上对其他大众媒体特别是网络媒体的链接和互动，从而让传播活动的参与者和受众由个体、群体迅速扩大为大众。

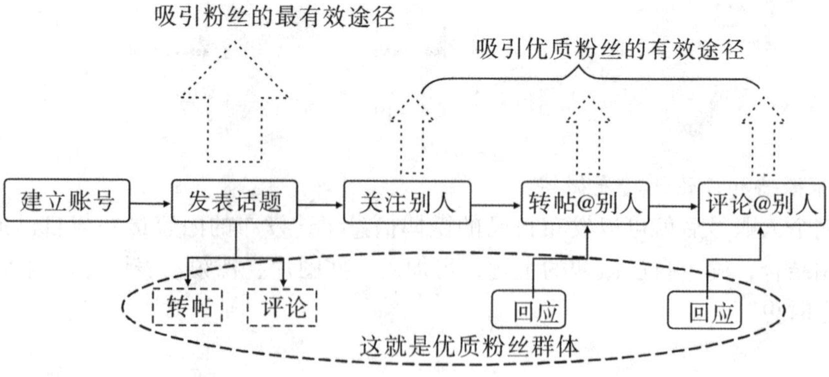

图 4－22

（三）微博营销的优势

1. 成本低廉，操作简单

微博营销，只要花一点时间编写不超过 140 个文字，或者编辑一张图片，就能够形成营销载体，在互联网得到广泛的传播，操作方便快捷。特别是对于中小企业，这种营销成本低廉。

2. 企业品牌和知名度得到快速提高

互动性强，能与粉丝即时沟通，及时获得用户反馈。对于企业来说，能够和用户形成即时有效的互动，或使公司形象拟人化，提高企业的亲和力，并通过微博上用户对企业产品或是公司的评价，对产品与品牌进行监控。

3. 拉近与用户之间的距离，让沟通无处不在

现在很多企业之所以能够获得极大的发展，一个很重要的原因就是重视企业和用户的沟通，用户的反馈能够及时地反映到公司的发展规划当中，使企业发展和用户需求相吻合。如小米公司能快速地得到发展，一个很重要的原因就是非常注重用户的反馈。

（四）微博营销技巧分析

1. 活动营销——壮大粉丝团，增强影响力

创造有意义的体验和互动，人们才会和你进行交流，成为你的粉丝，对你的微博进行关注；对喜欢有更多体验顾客的化妆品企业来讲，在微博送体验品可以带来更多人气。例如：凡茜品牌的微博抓住了这个特点，在新浪微博上推出了一系列的凡茜成长计划活动。第一期是鼓励顾客到微博上反馈，送出 100 瓶面膜，第二期又送出 100 瓶茶喷，结果一周时间就有 1 500 多个跟帖申领，很快就出现人声鼎沸的场面，凡茜说，虽然活动只举办了两次，但关注凡茜的人一浪接一浪，一些铁粉们家里都有了凡茜专柜。通过体验活动使凡茜的粉丝得到快速的增长，大大提升了品牌的知名度。

此外，凡茜非常注重微博网络“意见领袖”的培养，收集各种反馈和建议。2010 年 11 月，凡茜品牌在新浪微博上推出了“我要当选凡茜女孩”的系列征集活动。每月评选一次，每次评选 5 名。当选的“凡茜女孩”可获得凡茜淘宝商城 300 元购物红包，可以换取凡茜商城的任何商品，同时可以优先免费体验凡茜品牌推出的各种新产品，凡茜在出新品后会第一时间邮寄给“凡茜女孩”体验。当选的“凡茜女孩”表现了对凡茜品牌的高度黏性，经常在微博上谈体验、提建议，积极和其他用户对话，成为忠实的粉丝及“品牌代言人”。凡茜品牌还将营销战线从线上延伸到线下，组织“凡茜女孩”参观企业，增加她们对企业文化和产品生产过程的感性了解，让她们有更多的话语内容。

2. 善用大众热门话题

热门话题适合微博的每个人，回应时事热点，增加微博的社会实践参与度，贴近广大微博用户的生活，如伊利舒化“活力宝贝”世界杯微博营销事件。

世界杯期间，伊利营养舒化奶与新浪微博深度合作，在“我的世界杯”模块中，网友可以披上自己支持的球队的国旗，在新浪微博上为球队呐喊助威，伊利舒化把产品特点与世界杯足球赛流行元素相结合，借此打响品牌知名度。

伊利舒化的“活力宝贝”作为新浪世界杯微博报道的形象代言人，将体育营销上升到一个新的高度，为观众带来精神上的振奋，即使观看广告也是一种享受。很短的时间内，在新浪微博的世界杯专区，就有两百万人披上了世界杯球队的国旗，为球队助威，相关博文也突破了3 226万条。同时，通过对微博粉丝的比较，选出粉丝数量最多的网友，成为球迷领袖。

图4－23

3. 主动搜索主题相关话题

主动与用户互动，稳定粉丝群，提高粉丝的忠诚度。

藏壶者是淘宝网上一家专门销售紫砂壶的皇冠店，它的顾客群体很小，需要在一个很大的平台上去寻找。微博出现后，藏壶者快速地嗅到了其中的商机，每天都在新浪微博上发布有关紫砂壶的信息，有紫砂壶的产品知识、名人介绍、泡茶学问、客户故事等，作为一种知识性的分享与交流。

藏壶者每天会在微博上搜索和紫砂壶相关的话题，新浪微博搜索紫砂壶就有2 000多条相关信息，一旦搜索到对象就加关注并且开展对话，提供对方需要的知识。靠着这样的积累，短短几个月他便拥有2 000多位粉丝，有的购买了他的紫砂壶，有的申请做他的紫砂壶代理。

（资料来源：愉悦对话是企业微博的个性．阿里巴巴专栏，2010－07－02.）

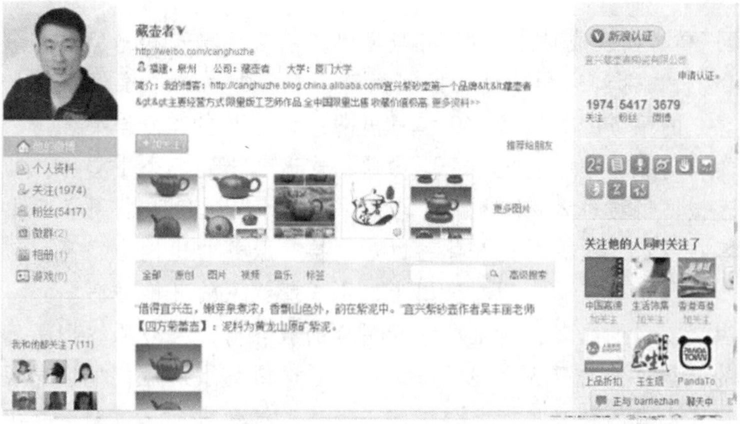

图 4－24

4. 发布特价或打折信息

提供限时内的商品打折活动，也是一种有效的推广方法，如销售食品或服装的企业微博，可以定时发布一些限时的优惠价，让顾客在规定时间内可以以低廉的折扣价购买商品。

例如：戴尔公司。戴尔是通过自己的官方网站进行直销的，它经常会有新产品出来，也经常有促销活动，仓库里的产品也在经常变动，这些信息仅仅在它的网站上公布，很多人不了解，使戴尔的销售很受限制。有了微博后，戴尔在 Twitter 上注册了许多账号，每个账号有一个专门的内容，产品信息的账号专门发布产品信息，指定给专门的用户看，这样就不会骚扰其他人了。

戴尔在产品账号上，经常发布的信息内容是：①超低价格的清仓甩卖活动信息；②经过翻修的二手产品信息，价格很诱人，并且有库存数据；③优惠信息；④新产品信息。

戴尔在 Twitter 上发给客户的折扣礼券，可以链接到专门的网页，在订购产品时享受到优惠。

（资料来源：国内外微博营销成功案例．淘宝论坛，2012－12－24.）

5. 在微博上学会讲述有情感的故事，增加粉丝对该系列产品的关注度

黑黛公司是一家用美国高科技物理添发技术为脱发者做增发的公司，有 70 人，其中有 40 多人分布在全国 10 个城市的服务中心，他们的服务对象群体不大。传统的增发服务除了假发以外，人们对物理增发这个新的概念了解不多，黑黛公司要在中国扩展业务确实有许多困难，公司在进入互联网特别是在微博这个平台上找到了方法之后，营销局面豁然开朗。

黑黛公司70名团队成员中有63名写微博，包括董事长和总经理；另有一个企业QQ群，用来进行内部沟通和培训大家写微博；规定微博中不准做直白广告，只是把当天对每个客户的服务的故事用140字写出来；如有潜在客户需要咨询的可以由各个中心和总部的咨询服务中心和他们平等沟通；欢迎客户到各个中心去体验。有兴趣的用户可以通过微博链接进入24小时咨询中心，还可以预约到线下直营中心体验。一般来讲，顾客在经过几次的对话和体验以后，接受服务的比例会很高。一旦接受了服务，新的故事又源源不断地出现在微博上，形成营销上的良性循环。

之前，黑黛公司的顾客，在准备接受黑黛的服务前，一般要咨询黑黛专家2个小时左右，有的甚至可能需要3个多小时，而有了微博故事以后，他们发现顾客下单的速度越来越快了，有的顾客居然5分钟就下定决心接受服务。他们后来跟踪网站系统发现，这些顾客进入网站，都是直接先点网站上“揭秘黑黛”这个按钮进入博客微博，了解企业的故事后再回来下单。这让他们坚信企业微博和博客是非常重要的，它可以让一个顾客很快相信企业。

（资料来源：平等沟通让小企业跻身微博营销之林．百度文库，2010－10－16.）

与轰炸式广告相比，小企业在微博上的这种营销模式显然不会有遍地开花的结果，但是黑黛公司这样的操作令顾客很有亲切感。平等沟通，持之以恒，口碑传播会带来几何级的影响。

6. 快速解决负面的微博营销

膜法世家在淘宝网上专做面膜产品，不到2年做了20万笔生意，保持了100%的好评。在淘宝网上成为5皇冠店铺，2年时间里，他们兢兢业业每天做好300笔生意，不敢有一丝一毫怠慢，20万笔生意下来竟然没有一个差评，是100%的好评。全团队每个人都把客户服务和产品口碑看得比利润还重要。在微博出现后，膜法世家团队马上发现商机，这种互动性很强、门槛又很低的微博，很适合他们这样的产品和企业。随后在店主张目的带领下，网店组织了一个微博营销的团队，除企业微博膜法世家外，还有7个团队成员微博：张目的微博、黄晓东的微博、樊建富、爱可aike、霞怡微博、吴志鹏90、王军的微博。

他们以美容专家的身份出现，专门回复粉丝各种有关面膜、美容、护肤类的话题，帮助大家纠正错误做法。这个团队尊重每个人在微博上的发言，不轻易去骚扰别人。通过互动，企业微博逐渐建立起自己的品牌形象，通过微博进行营销公关和即时监督处理客户的负面评论。微博运营官每天会用关键字搜索微博上的有关评论，并用内部QQ群报告情况。2010年8月26日下午，微博运营官在QQ群里发出一个截图，这个截图是一位顾客写在微博上的一个负面评论。顾客是在14：27提出的批评，很快他们与相关客服联系并进行回复，31分钟以后，客户发帖说了感谢的话。

膜法世家要求员工在微博上用31分钟解决负面评论，在微博上像客服值班一样有监管员担任监管，出现问题不过夜，当天晚上就总结。

膜法世家有自己的经验，他们为自己做了一些游戏规则：

第一，要写有感觉的内容，真实，自然，能够体现企业整体的价值观和理念；

第二，不要在自己的微博里批评任何企业和品牌，也不能说贬低对方的话；

第三，不要主动推销自己的企业和品牌，除非粉丝问到膜法世家的产品和品牌；

第四，避免任何一种有可能被认为是不正当竞争的做法，对同行尤其要尊重，切忌轻易地以自己的个人主观意识去批评对方。这是品牌文化的表现。在微博中的言论，要充分体现膜法世家的理念和价值。

（资料来源：国内外微博营销成功案例．淘宝论坛，2012－12－24.）

此外，还可以广送邀请。通过邮件或其他渠道，邀请企业自己的客户、潜在用户注册，注册链接应使用指定的注册链接，这样，别人注册之后会自动关注企业微博或定期举办活动，能够带来粉丝的快速增长，或是加QQ、QQ群聊天，就某个话题展开讨论，亲近粉丝增加其忠诚度。

任务4 QQ群、旺旺群推广

任务描述：

1. 运用QQ群推广
2. 运用旺旺群推广

一、QQ群推广

QQ现在是网民使用最广泛的即时通讯工具，同时也诞生了很多各种各样的QQ群，庞大的QQ群是进行网络推广的一个好地方。QQ群推广，说得通俗点就是做广告，把自己的产品、技术、服务等通过媒体广告的形式让更多的人和组织机构了解、接受从而达到宣传、普及的目的。

（一）QQ群营销的优势

1. 即时效果、方便快捷、互动性强

论坛、微博营销也有这样的互动性，但互动速度比较慢，搜索引擎营销和banner广告的互动性就更差，QQ群营销因为依赖于群，且QQ群总是有一批用户时时在线，所以当信息发布后，用户马上可以看到，可以即时了解销售信息，直接与用户互动，收集用户对产品的建议，或者一步步引导用户了解产品。个人 QQ 进行多人会话时要打开不同的聊天窗口，营销 QQ 群可以同一会话窗口进行多人会话。节省时间，方便快捷。

2. 利用强大的监控功能高效管理

个人 QQ 聊天记录企业管理人员无法掌握，还可本地删除；营销 QQ 群聊天记录永久保存，可随时查看员工聊天记录，检查工作。管理员可根据客服忙碌的程度自动分配，还可根据工作忙碌程度，进行员工对话转接。客户 QQ 和聊天记录永久保存，员工无法删除，便于随时随地查询，并可通过查看聊天记录发掘潜在客户，提升服务质量与效率，也不会因为员工的流失而导致客户减少，为企业带来更大效益。

QQ 群营销中可以附带网页链接，如果在登录页链接中加入用户行为跟踪程序，就可以精确计算出用户互动的最终效果，进行数据统计分析，方便制订计划，营销 QQ 群拥有强大的记录数据功能，方便管理。

3. 精确定位

个人 QQ 一个客户只能在一个分组，而营销 QQ 群可以在不同性质的分组里，同一个客户可以有不同的身份，不同的身份还可以有不同的业务，俗话说物以类聚，人以群分，QQ 群营销是典型的按用户习性特点来自然分群的，所以 QQ 群营销可以实现精确定位。推广特产的可以去旅游、美食类的群，推广化妆品的可以去都市丽人类的群。

另外，QQ 群还有客户资料齐全，可以统一管理，营销形式多样，QQ 人员众多等优势。

（二）QQ 设置

即 QQ 资料的完善。

（1）头像设置要正规：QQ 头像是我们给别人的第一印象，最好是使用最上相的真人头像，提高我们的印象分和可信度，如果是为企业宣传可以做个企业图片或者企业 Logo 作为头像，能更好地宣传自己的企业形象，为企业打造品牌效应。

图 4－25

（2）名字设置：实名＋产品信息。

用真实的名字比较容易建立信任感。第一，进群后，很多朋友会先浏览群里朋友都是做什么的，群名片起到了决定性作用。第二，在聊天时，群友看到你的名字就知道你是做什么的，可以介绍业务。第三，很多群都有你的身影，其他朋友会认为你是高手，可以提高知名度。第四，名字正规，群主知道你是正规网站代理，不会轻易被踢。

图 4－26

（3）签名设置：直接放置自己的公司简介、产品特点、产品功效等。

（4）状态设置：添加自己的电话以及网络链接。

图 4－27

（5）尽量完善其他资料：资料越丰富越好，如年龄、职业、住址、邮箱，时常更新空间、签名、相册等资料，给人一种真实的感觉。

（三）QQ 群推广技巧

1. 寻找目标 QQ 群

（1）点击 QQ 界面的查找。

图 4－28

（2）选择查找群，根据关键词在 QQ 群搜索引擎里搜索“目标群”，比如：化妆群、保健群、美食群、养生群等，输入关键词，点击“查找”按钮。

图 4－29

（3）根据群人数、群活跃度、地域进行筛选，选择添加人数最多、活跃度较高的群。

图 4－30

（4）输入验证消息，验证消息要真诚并带有感情色彩，与群主题相关，坚持每天加群，每天加 10 到 20 个群，注册多个 QQ 账号，每个上面都加几十个群。

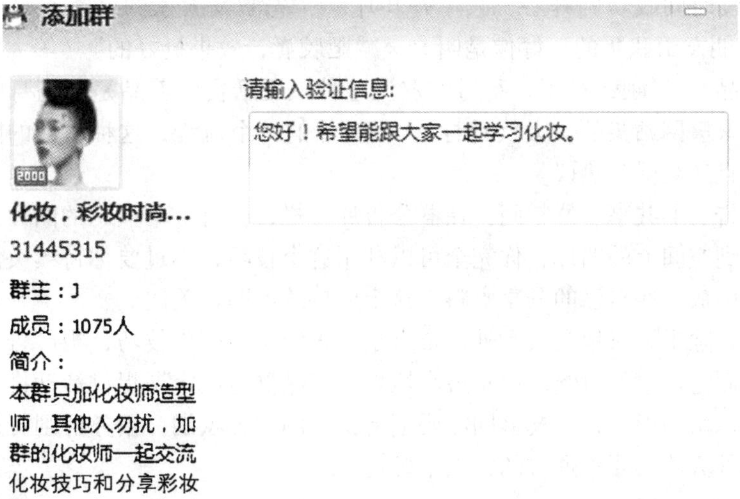

图 4－31

（5）多在群中发言，与群主进行互助合作，同时可以与群内活跃成员成为好友互助互利。定期组织相关话题讨论，话题的起初开展都会有不顺利的时候，但是长期坚持下去，让群众形成习惯，慢慢就会有一定的人气。群发言时掌握好时机，如果群里的话题自己刚好很熟悉，就发表自己专业的见解或分享；如果是自己主动发言，可以发布比较新鲜的与群相关的信息，如分享链接，最好在链接前说明主题内容，也可以在群共享、群相册中分享一些群成员感兴趣的行业、职业、业务方面的文章、图片等；如果公司有比较重要的活动，除可以通过聊天发言宣布外，群共享、群相册，甚至群邮件都是很好的传播方式，如确实对群成员有益及非常重要的，可联系群主发布群公告，这样宣传的效果会更好。每一次发言，每一次分享，群名片都会出现一次，这无疑是很好的宣传展示机会，所以好好利用这种机会吧，它很可能带来业务！

进群重要的是获取一些群的信息，进群后除查看群的名片外，还可以看一下群之前的聊天记录、共享文件、群活动、群通讯录，分类整理到自己的联系列表中，可以下载群里面共享的对自己有用的资料，这样对群有比较初步的了解。对症下药地进行产品销售，寻找隐性买家，遇到与自己业务相关的潜在客户、供应商、行家高手、热心且人脉广的群成员时，最好申请加为好友，然后利用私下点对点沟通，进一步互相认识。

2. QQ 群推广、宣传以及营销技巧

很多人在 QQ 群中发私聊，发讨论组，发群邮件都没有人回复，这很正常，千万不要盲目行事，需要具备一套 QQ 群营销技巧。

（1）发广告。

现在只要在 QQ 群里面发广告，大家就会很反感，因此要掌握好推广技巧。先跟群里的成员培养感情，再追求效果。所以 QQ 群推广是一场长久的战斗，感情这东西不是一天两天培养出来的。

少发、精发：在 QQ 群里发广告时最好用软文推销或者植入性广告。比如：做减肥广告，“最近一段时间我特别开心，减了好几斤”（先激发大家的好奇心，再自然道出产品）。“是我男朋友给我买的，好像是叫 ××减肥胶囊，效果挺好的”（等大家交流热烈后再细细介绍产品）。“哦，对了，我男朋友说这种减肥膳食营养品是不伤身的，没有副作用，好像是在 ××网站买的，大伙看看”。很自然的一个流程，这种软性的隐蔽广告，不仅受欢迎，而且还会受到热议。

用好群公告、群共享、群空间：在群公告那一栏，会有一个显示的图片，这里会提醒大家最新上传到空间上的图片，你完全可以利用这个技巧，不过要你持续关注群。此外还可在群共享当中放一些自己的分享资料，这个要持续不断地关注。

群发广告，除了天时地利人和外，重点是广告定位与广告技巧，当广告发到让别人感觉不像是广告而是诱惑的时候，就是最高境界。产品群可以定期提供活动推广产品，学习群可以做讨论、培训形式，交友群则需要创造良好的交友氛围，服务群则可以提供服务资讯……采用哪种方法需要根据群的特点来确定。

（2）发邮件。

发群邮件是一个很好的推销方法，免费的邮件不仅可以通知到人，而且转化率高。以下介绍群发邮件的步骤：

第一步，打开 QQ 邮箱。

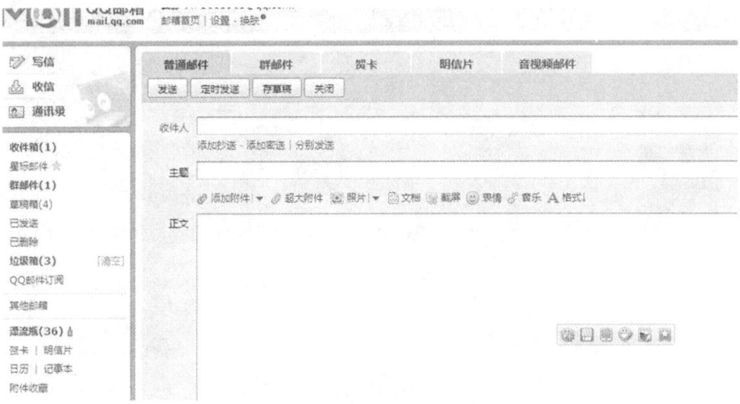

图 4－32

第二步，选择群邮件，选择要发送的群，写好要宣传的内容，将这些内容融入让人感兴趣的语句里，让别人看到邮件后愿意去浏览你的网店。

图 4－33

发群邮件时要注意：箭头要指向“QQ 群邮件”，不要指向“普通邮件”；普通邮件是发给你的 QQ 好友的，要一个个地添加好友；发群邮件就只需轻轻一点，这个群里的所有人便可以收到你的群邮件，非常简便高效。每天每个电脑可以发十封群邮件，再多就会被 QQ 限制，提示你已经达到上限，稍后再发。

3. 利用 QQ 空间推广

（1）装修 QQ 空间。

第一步，进入 QQ 空间主页。

图 4－34

第二步，在右上角找到主页排版，点击进入会看到图 4－35 所示页面。

图 4－35

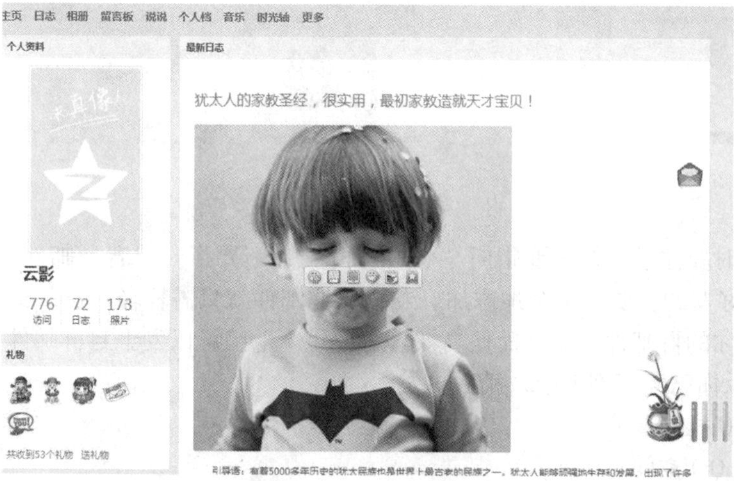

图 4－36

第三步，选择排版“模块拼贴”，选择模块拼贴点“保存”，再次进入点击“调整布局”，选择“自由”，保存。再次进入，点击“增删模块”，把基础模块上面的东西全部去掉，点“保存”，然后再次进入你的 QQ 空间主页，发现一片空白，什么也没有。

第四步，点击“主页排版”—“增删模块”—“自定义模块”—“新建模块”。

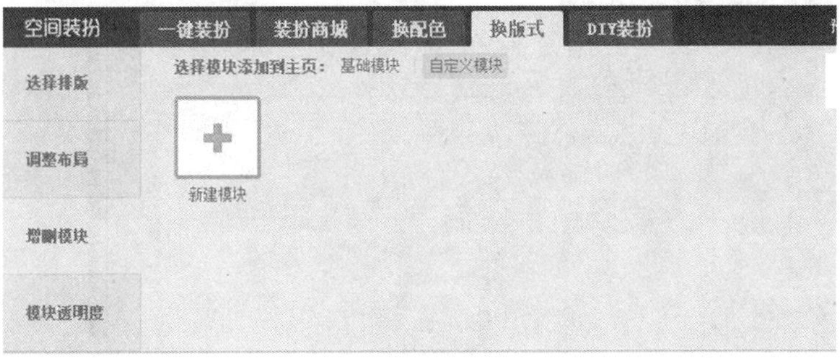

图 4－37

第五步，点击大图模块。

图 4－38

第六步，在图片地址里粘贴上你的网址，在图片链接中复制图片网址（即阿里巴巴中准备的图片网址的代码），操作完后按“确认”。

图 4－39

再次进入你的空间主页，你就能看到你推广的宝贝。当别人浏览你的空间时，便可以了解你的宝贝的详细信息，为你带来潜在客户群。

（2）QQ 日志。

根据自己的行业经验以及文化知识撰写一些精彩的软文日志分享给 QQ 好友，在分享的同时做好推广宣传，质量好的日志肯定会被转载，实在不会写日志，也可以分享别人的好文章、图片、视频，在其中链接进自己的网址。

（3）QQ 相册。

每个人都有好奇心，如进入别人的 QQ 空间时最想看的就是相册，了解他真实的一面。因此，可以在自己的相册中加上关于网店产品的图片，如放上几张新款的衣服或店内销量较好的服装的照片，在相片上打上网店的 Logo 或水印，再写上吸引人的标题，给网店的宣传作出贡献。

（4）QQ 留言。

在 QQ 好友中，如果有一些人的名气较大，威望较高，当他们发表容易引起争论的文章时，果断留言，使自己的留言能够占到“沙发”的位置，借助他人高流量的空间，间接推广自己的网站，这比在论坛留言效果更好。

（四）QQ 群营销的方式

在 QQ 群里，赤裸裸的广告轰炸，并不能获得好的营销效果，QQ 群营销更需要的方式有以下几种：

（1）QQ 表情式。QQ 表情是大家经常使用的，一个很有趣的 QQ 表情，自然会吸引他人的收藏、转发，只需在表情上面挂个网址，就可以起到宣传推广的效果。因为 QQ 表情确实很有趣，很多人明知是拿来营销的，但还是忍不住会转发。

（2）转发式。经常能看到“某某家里人重病，正在××医院做手术，家里人想见他最后一面，让他速回来，有知情者请联系他爸爸，电话：131××××××××。爱心接力，大家帮转”。这其实是个营销骗局，在这则信息里面，出现了××医院，是营销点所在。这里利用人们的同情心，很好地达到营销目的。

（3）揭秘式。这种方式，可以以文字的形式出现，也可以是图片的形式传播，其内容大多是揭示一些内幕性的东西，吸引人的眼球，达到打击竞争对手、正面宣传自己的目的。由于它的内容能让人警醒，往往会让人情不自禁地转发。

（4）守株待兔式。守株待兔式其实就是直接把自己的群名片改成广告信息，在群名片中准确填写自己的姓名、业务、联系方式、公司介绍等，希望有需要的人自动找上门。

（5）助人为乐式。助人为乐式是指平时在群里积极地回答别人的问题，尽可能地帮助别人。坚持一段时间，不仅会让对方记住你，还会对你产生好感，当信任产生，有什么是不可能的呢？

中国有数以亿计的 QQ 用户，大部分人都有 QQ 空间，大家平常有事儿没事儿，都有看看朋友在干什么，看看他们发的日志、他们的分享、他们的相册的习惯；而一个商品或者信息是朋友传递给你的或者推荐给你的，你会觉得可信度更高。QQ 空间就是基于真实用户的，这里蕴藏着巨大的商业价值。

二、旺旺群推广

淘宝旺旺作为买卖双方的一种沟通工具，能帮商家轻松联系客户，发布、管理商业信息，及时把握商机，随时洽谈生意。它充当的就是网上营业员的角色，可以直接拉近与买家的距离，是卖家生意的好帮手，随时接受买家反馈，让卖家在省钱省时省力的基础上，结识更多的商友，是卖家开展网络贸易的好帮手。同时，它还是一个很好的产品推广平台。

1. 个性签名助推广

淘宝开店的卖家，每天都必须登录阿里旺旺，与买家交流、交易和管理商品。登录阿里旺旺后，在操作界面中就可以看到联系人及其自定义状态信息，很多卖家用自定义状态来宣传店铺的优惠活动或热销商品。如果淘友对店铺所售商品感兴趣，自然会进入到店铺中购买，这在很大程度上增加了浏览量，进而提高了商品的销售量。

最好设置好两条或者以上的信息，在自定义状态广告下设置滚动播放。具体操作步骤如下：

（1）在阿里旺旺操作界面中单击“点此输入个性签名”旁的下三角。

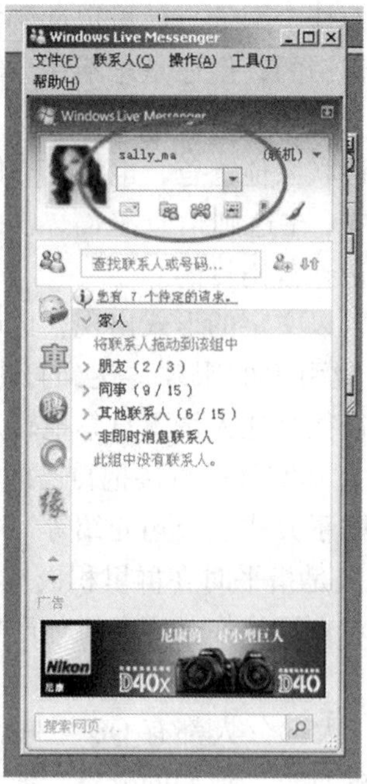

图 4－40

（2）在下拉菜单中，选择“设置”。

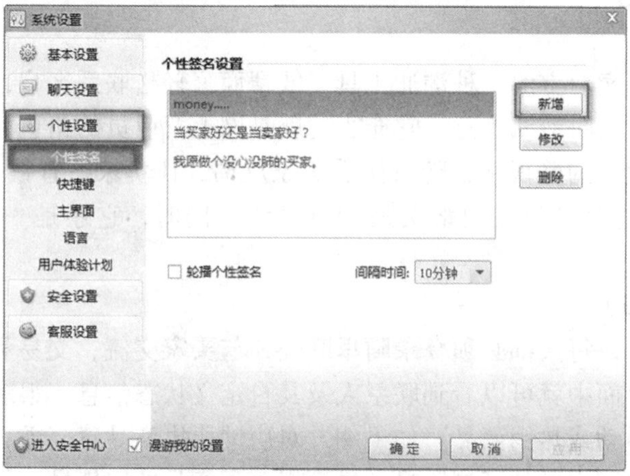

图 4－41

（3）进入“系统设置”对话框，选择左侧的“基本设置”下的“签名、回复和短语”选项，在右侧出现“个性签名”文本框。

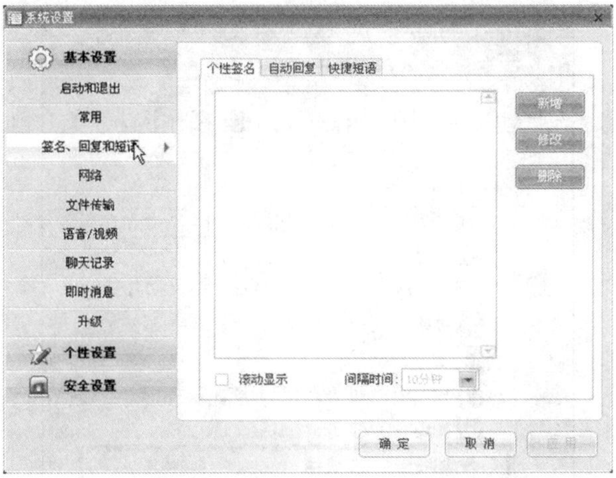

图 4－42

(4) 单击“新增”按钮，打开“新增个性签名”信息对话框，在对话框中输入想要显示的自定义状态，单击底部的“保存”按钮进行保存。

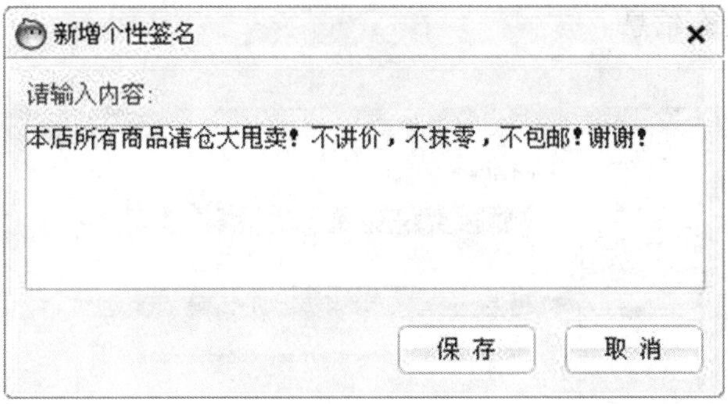

图 4－43

(5)“系统设置”对话框中的“设置状态”信息栏中将显示刚才设置的自定义状态，按照同样的方法，再次添加自定义状态。可以将自定义状态设置成公司的打折促销类广告语，如“打折促销—2015 新款冬装尾单销售”，也可以设置成公司的主打产品信息，如“公司核心产品：OL 女装，瑞丽韩版女装，时尚装，甜美装”等。

图 4－44

（6）如果要修改自定义状态信息，可以单击对话框右边的“修改”“删除”按钮进行修改或删除自定义状态信息。

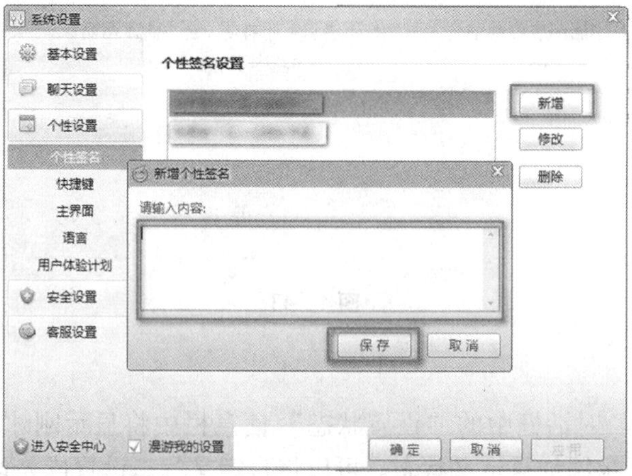

图 4－45

（7）当添加了两条以上的自定义状态后，选择“轮播个性签名”前的复选框，在间隔时间后面的下拉菜单中选择滚动显示的时间间隔，单击底部的“确定”按钮，自定义状态信息即可设置完成。随后在阿里旺旺操作界面中将显示第一条自定义状态信息。

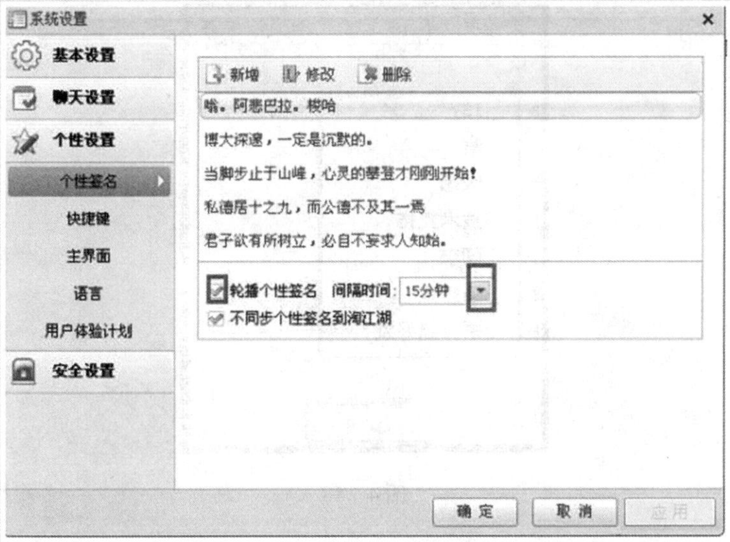

图 4－46

设置好的滚动自定义状态可以显示在与买家聊天的对话框中，只要打开聊天对话框，买家就能看到卖家的自定义状态。

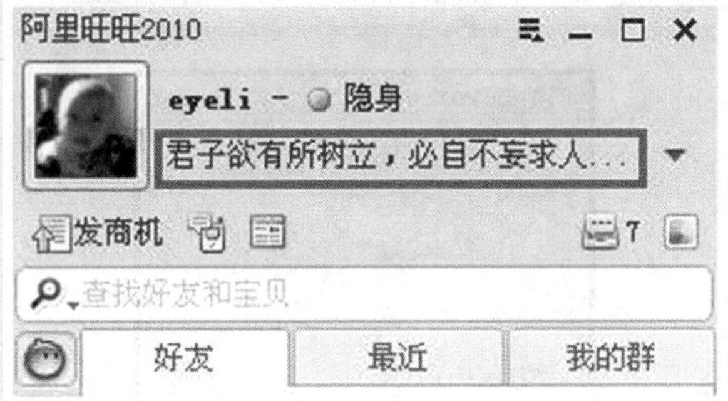

图 4－47

在阿里旺旺的联系客户中，尽量详细登记客户资料，例如，客户地址、姓名、核心产品或买过哪类商品，联系电话及 QQ 号码等，方便下次再光顾时有目的地介绍商品。

2. 分组管理，打造特色旺旺群

建立旺旺群，邀请朋友、买家及与生意有关的人到群里，增加群的人气。当人气达到一定地步，旺旺群中有了“黄金旺位”时，就可以提高店铺的访问量，进而提高销售量。当旺旺群里的人员较多后，一定要分组管理，这样推广更有针对性。

图 4－48

3. 添加多个阿里旺旺，合理利用旺旺群

卖家的店铺里、论坛中都有个阿里旺旺按钮。淘友单击这个按钮后，将会弹出聊天对话框，可以与店主进行交流，咨询商品信息，添加多个旺旺，这对于店里有多个客服人员的网店更是非常有用，店主可以设置多个旺旺的客服专区，也可以用旺旺添加多个旺旺群（原理和加 QQ 群一样），加大自己的推广力度。同时，应合理利用旺旺群发的功能。

第一，在列表中选择某个组，单击鼠标右键，在弹出菜单中选中“向组员群发消息”。

图 4－49

第二，在弹出的对话框中输入要发送的内容，点击“发送”按钮，该组所有的好友都会收到群发送的消息。

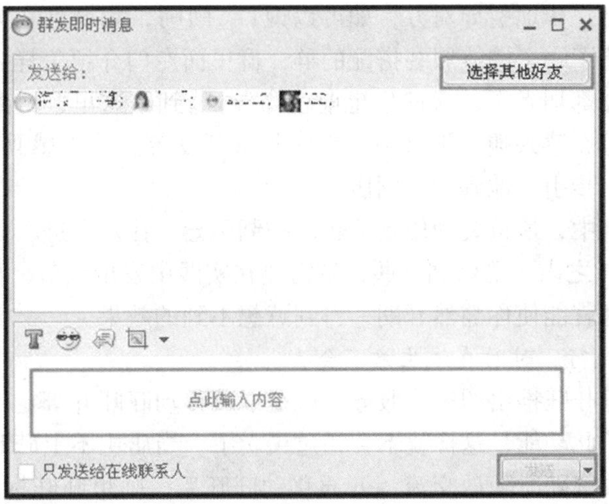

图 4-50

一味地发布广告性质特别强的内容会让人反感，所以一般的群不允许发布这样的广告，一旦被发现旺旺将被查封。最好的办法是聊天中加入推广。如化妆品类店铺，可以聊美容、护肤方面的话题，中间穿插自己店铺的化妆品，这种软广告不但会让人喜欢，而且如果搭配得好，会让买家觉得你特别专业，会增加你店铺的浏览量，成交量自然就提高了。

4. 巧妙利用旺旺群推广中的“私聊”推广

私聊即进行一对一的推广。这种方式是旺旺群推广中最为有效的推广方式。在私聊中，更易控制推广的走向，采用流程化的操作方法和巧妙的语言，最大化提高推广的覆盖面及转化率。在私聊中应注意以下三点：

（1）优先处理高转化率群体，淡化聊天的目的性。

在聊天前先分析哪个人的购买欲比较强，优先对他服务。在聊天中采用闲聊的方式来拉近与对方的距离。如“您好！在吗”这样简短的招呼语，就能替你过滤掉目前正处于忙碌状态的人或者是那种打死也不和陌生人说话的人，降低推广中可能浪费的时间和精力。千万别第一句话就是“你好，我是什么网站的，我这里的×××商品很好”。这样的强目的性会把潜在的顾客都吓走。

（2）分析目标群体特征，设置吸引点。

化妆品这一类消费群体，是以女性为主，对免费试用装特别感兴趣，可以用赠送试用装的形式来吸引她们。可以先做市场调查，在聊天中寻找切入点，先引导话题，再表明来意。对感兴趣和不怎么感兴趣人群分类，给感兴趣的人群发送活动信息，得到肯定回复后，再将网址发给对方，尽可能淡化广告色彩。

（3）巧设“陷阱”，引导话题走向。

向对方打完招呼后，如果有回复，则可以先设计一个巧妙的“陷阱”。如对于时尚服装群中的用户可以说：“您加这个群，应该是很有气质，很有品位，对穿着很讲究的人。”大多数人会回复“是啊，怎么了？”“还行吧！”或是“嗯”。此时话题便开始逐渐被导向目标，接下来可以进一步地引导对方，如可以说：“呵呵，我最近在关注巴黎时装周上展出的服装，在网上建了一个潮流服装搭配的群，群里面专门介绍怎样搭配服装让你更有气质，已经有不少朋友都加入了，欢迎您也前往指导。”到了这里，得到回复可分为以下几种：很感兴趣，不怎么感兴趣，没兴趣，无回复待开发等。对于感兴趣加入了群的客户，在群里面可以再进一步引导他到你的网店。

总之在私聊推广中，最重要的便是话题的控制引导，让对方进入你的“领域”里，将话题控制在“领域”之内。要做到这些，则需要在实践中发现细节，再整合细节。也许一个不起眼的细节处理就能使你豁然开朗，得到意想不到的效果。

5. 手机绑定任我行，时时在线生意不会丢

移动旺旺是阿里旺旺推出的短信服务，就是下载移动旺旺并绑定手机。移动旺旺推出后很多卖家都使用了此功能，这样就不会错过买卖了。当店主不上旺旺时，可以使用手机收取旺旺信息，和买家随时随地交流。开通移动旺旺后，阿里旺旺标志将24小时显示在线。即使不登录旺旺，旺旺标志仍然显示在线，让店主不错过任何买卖。

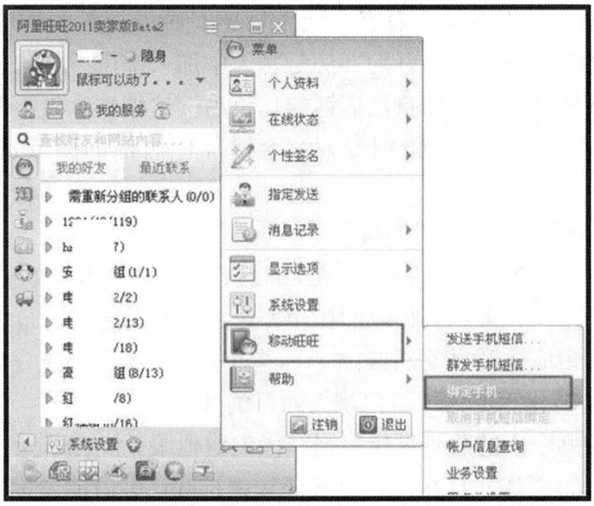

图 4 - 51

此外，利用旺旺推广还可以通过巧设关键词，巧用阿里旺旺增加流量、善用旺旺防止骚扰信息，保存聊天记录寻找商机，用好旺旺图片助手和设置自动回复、重发信息等方法帮你找到商机。

任务5 网店促销

任务描述：
1. 掌握常用的店铺促销方法，明确促销前、中、后期须注意的问题
2. 灵活根据不同节日设计店铺促销活动

一、促销前准备

1. 明确促销的对象与促销最佳时机

网店的促销活动一定要以消费者的需求为出发点进行设计，同时只有抓住最佳的促销时机才能获得最好的效果。每种商品都有自身的特点，针对的消费群体和热销时机都不尽相同，我们要做到具体问题具体分析。

实例分析1：A驱蚊手带
促销对象：儿童 （妈妈）
促销时机：夏季 登革热高发期

图4－52

实例分析2：考试辅导书籍
促销对象：考生 培训机构 学校
促销时机：辅导班上课前 考试前

图4－53

2. 常用的促销手段

常用的促销手段主要有打折、包邮、满就送、优惠券、限时抢购、关联销售、搭配套餐、会员特权等。

图 4－54

图 4－55

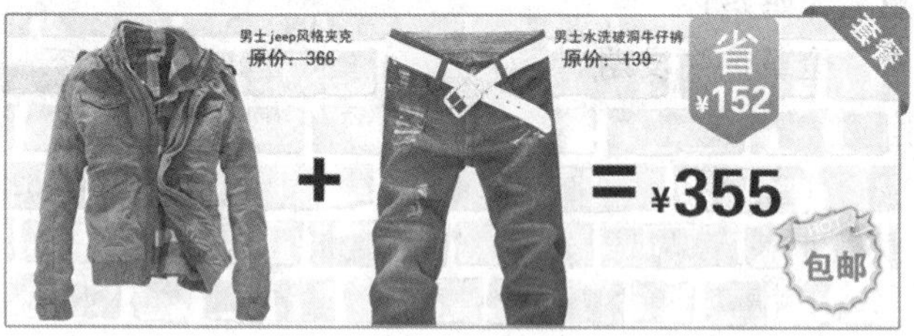

图 4－56

蜜粉特權	普通會員	高級會員	VIP會員
滿足條件	首次交易成功	累計消費滿1000元	累計消費滿3000元
蜜粉折扣 NEW	9.5折	9.0折	8.8折
上新折扣(蜜粉折上折)	✔	✔	✔
生日禮券	無門檻10元	無門檻20元	無門檻50元
會員日驚喜特權 NEW	✔	✔	✔
購物包郵 NEW		包郵	包郵
新品免費試用 NEW			✔
旺旺群專屬服務	群號：537523512	群號：364853870	群號：871561214
	●快來加入我們的蜜粉國度吧；●需要密碼才能加入旺旺群：1314		

图 4－57

二、促销活动的策划实施

1. 要从促销对象的需求和体验出发

店家设计促销活动时应把消费者的需求放在第一位，时刻把自己定位为消费者，从他们的角度出发，设计他们能接受的促销方式和活动。以驱蚊手环的促销为例，有商家将六个驱蚊手环包装在一起做捆绑式销售，平均单价虽然比单个购买便宜，但效果不好。因为买家觉得自己的选择权被剥夺了，而且手环的数量太多，用不完会造成浪费。

2. 不能打长久的价格战，要注意成本核算

店家做完促销活动有没有赚钱？效果究竟如何？结果往往缺乏科学统计。店主只是大概感觉人多了，销售量增加了，但至于是否赚钱，赚了多少都不是十分清楚，甚至最后发现自己做了赔本赚吆喝的傻事。究其原因，主要是促销成本及毛利核算做得不到位，只是凭人工经验行事。

更有店主为提升店铺等级、打击竞争对手，一心想用超低价吸引客源，不惜亏本甩卖。但超低价商品一旦吸引大量客流涌入，成为哄抢对象，后果将不堪设想。即使店家可以提供充足的货源，也无法避免“卖得越多，干得越累，亏得越多”的局面。如果订货量大大超过供货量，店家无法交货，又将产生大量退款差评。所以超低价促销是“双输”的做法，不值得提倡。店主必须意识到价格战是最低端的竞争，绝非长久之计。

3. 设计促销活动时需有进阶式的考虑，活动前要准备预热，活动后要维系好回头客

促销活动是有周期性的，不能只考虑促销当天的情况。促销前要做好促销对象和时机的调研，并通过各种媒介发布广告或软文，让更多的人知晓信息，以便他们参与到活动中来。促销当天可能会遇到的各种突发情况，更需要提前做好准备，如缺货怎么办？人流太多怎么办？活动结束后还要保存好顾客的资料，为他们做好售后服务，并建立起客户资源库，方便日后老客户维护工作的进行。如果不做促销前的预热，活动设计得再好也没人知道。如果不注重售后服务，就会白白浪费促销带来的客源。

4. 促销优惠信息应指引清晰、操作性强，善用后台的促销工具

店家的促销信息应放在网店最显眼的位置，如首页的置顶海报或热销商品的商品描述。促销信息宜重复多次出现，客户一进店就会被迅速吸引，激发他们的购买欲望。每次促销活动不宜叠加使用多种促销手段。比如：将同一商品加入三种以上促销工具中，就很容易使顾客产生混乱的感觉，最终很可能因为疲于计算而放弃购买。

商家要提供便捷的操作方式供客户使用，如直接输入优惠码、购满一定金额系统自动减价等。这些功能只需要购买淘宝官方或第三方提供的促销软件就可以做到，不需要人工操作。

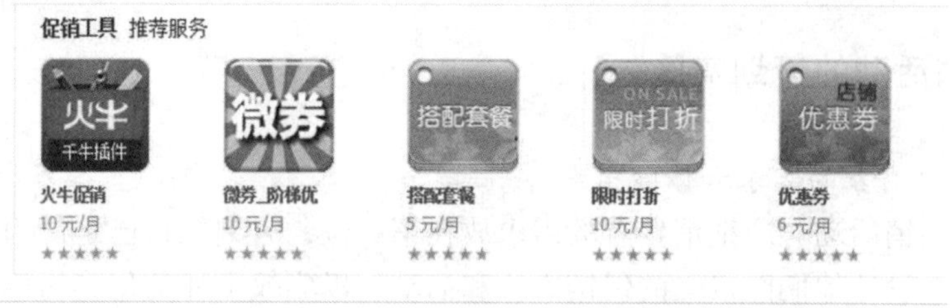

图 4－58

图 4－59

5. *不可忽视移动客户端的促销设置*

据统计，2014 年“双十一”当天，淘宝天猫接近一半的成交额来自移动端。越来越多的客户习惯于在手机上发起购买行为，移动客户的发展势头十分迅猛，淘宝后台也专门设置了无线营销的区域。店主应顺应这一潮流，抢先占领移动客户的市场，重视针对无线端的促销设计。目前移动端常用的促销方式有“手机专享价”“扫码专享价”“无线会员专享活动”等。

图 4－60

三、用数据说话评估促销效果

每个淘宝店铺后台都具备基础的数据统计分析功能，促销活动结束后，可以通过浏览量、访客数、客单价、转化率等重要数据来判断此次活动是否成功。通过促销前、后不同时段经营数据的对比就可得出答案，也可找出存在问题。

以下为某一汽车用品店铺同年 1 月与 3 月，促销活动前后数据的对比，明显看到各方面的指标基本都呈上升态势，但转化率和客单价却下降了，这说明了什么问题？

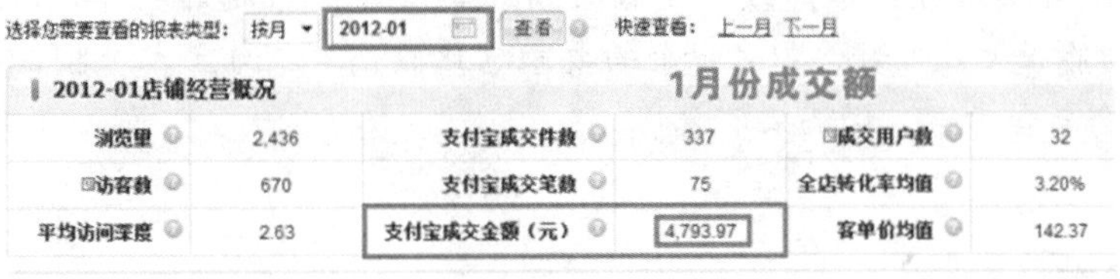

选择您需要查看的报表类型：按月 2012-01 查看 快速查看：上一月 下一月

2012-01店铺经营概况 1月份成交额

浏览量	2,436	支付宝成交件数	337	成交用户数	32
访客数	670	支付宝成交笔数	75	全店转化率均值	3.20%
平均访问深度	2.63	支付宝成交金额（元）	4,793.97	客单价均值	142.37

图 4 – 61

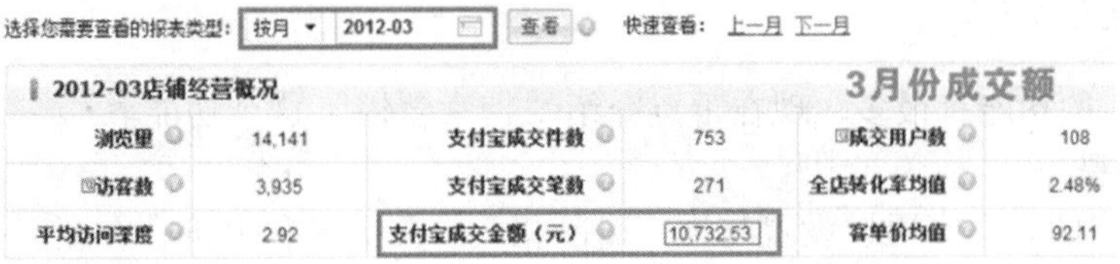

选择您需要查看的报表类型：按月 2012-03 查看 快速查看：上一月 下一月

2012-03店铺经营概况 3月份成交额

浏览量	14,141	支付宝成交件数	753	成交用户数	108
访客数	3,935	支付宝成交笔数	271	全店转化率均值	2.48%
平均访问深度	2.92	支付宝成交金额（元）	10,732.53	客单价均值	92.11

图 4 – 62

转化率和客单价是判定活动成败的两项重要指标。此店 3 月转化率和客单价的下滑表明促销活动并不成功，成交金额的飙升只是假象。到店人数多了，但购买人数的比例反而下降；每个顾客购买的金额甚至比促销前更少。可见，店铺的促销手段并没有得到顾客的青睐，只达到吸引客流量的效果，却没有激发顾客的购买欲望。

但此次的促销活动也不能说完全没有作用，店家如果能维护好促销带来的客流，这些买家也可以为将来的销售带来福音。

任务6　付费推广

任务描述：

1. 掌握淘宝直通车推广
2. 掌握淘宝客推广

“酒香不怕巷子深”的观念已经过时了，想要达到良好的销售效果就要大声吆喝，大力推广。在淘宝的付费推广方式中最常用的莫过于“直通车”和“淘宝客”了。“直通车”功能强大效果好，但对资金的要求也比较高。“淘宝客”按成交量支付佣金，比较适合新晋卖家，经济又实惠。

一、直通车

（一）直通车推广

“直通车”的功能有很多，现在重点介绍“搜索营销”这个功能。

1. 产品原理

搜索营销指的是卖家通过设置与推广商品相关的关键词和出价，在买家搜索相应关键词时获得推广商品展现的机会与流量，卖家按照所获流量（点击数）付费，进行商品精准推广的营销产品。卖家加入淘宝直通车，即默认开通搜索营销。

例如：当买家搜索“连衣裙”，卖家可以通过设置“连衣裙”这个关键词，在搜索结果页的右侧或底部获得展现，并吸引买家进入商品的页面。下面所述的关键词，均指卖家设置过的关键词。

2. 展现位置

（1）关键词搜索结果页面右侧“掌柜热卖”区域 。

图 4－63

（2）关键词搜索结果页面下方“掌柜热卖”区域。

图 4－64

（3）类目搜索结果页面右侧“掌柜热卖”区域。

图 4－65

（4）类目搜索结果页面下方“掌柜热卖”区域。

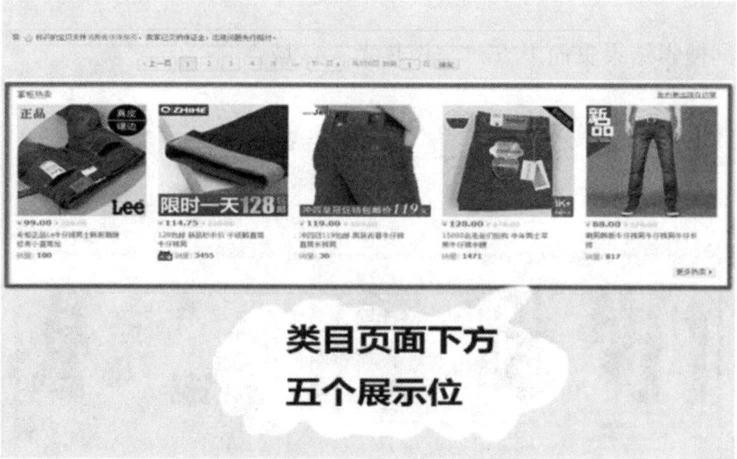

图 4－66

3. 展现规则

关键词搜索页面的排名原理：淘宝直通车目前的排名规则是根据关键词的质量得分和关键词的出价综合衡量出的商品排名；质量得分主要用于衡量店铺的关键词与宝贝推广信息和淘宝网用户搜索意向之间的相关性。卖家可以参考淘宝直通车系统里的智能预测工具结果，更加有针对性地优化推广内容，在提升潜在买家有效访问流量的同时，提高访问质量，让热销宝贝脱颖而出。

4. 扣费方式

按点击计费：买家搜索一个关键词，设置了该关键词的宝贝就会在淘宝直通车的展示位上相应出现。当买家点击店铺推广的宝贝时，卖家才需付费，淘宝直通车才会进行相应扣费。根据卖家对该关键词设置的价格，淘宝直通车的扣费均小于或等于卖家的关键词出价。类目出价的扣费同理。买家通过类目浏览，如看到卖家的宝贝出现在淘宝直通车展示位上，买家点击时，才产生扣费，扣费均小于或等于卖家的类目出价。

5. 扣费公式

卖家的实际扣费＝下一名出价×下一名质量得分/卖家的质量得分 ＋0.01 元

综合排名规则中，质量得分将影响卖家的扣费。同等情况下，卖家的质量得分越高，所需付出的费用就越低。扣费最高为卖家设置的关键词（或类目）出价，当公式计算得出的金额大于出价时，将按卖家的实际出价扣费。

（二）直通车常见问题

（1）淘宝直通车可以推广多少个宝贝？

淘宝直通车账户对于推广宝贝的数量没有限制。卖家可以根据自身需求确定选择推广宝贝的数量，建议优先推广店铺中的优质宝贝，且同一类型的宝贝尽量不要重复推广。

（2）什么样的宝贝适合做淘宝直通车推广？

选择做淘宝直通车推广的宝贝最好是店铺中综合质量较高的宝贝：

①图片背景清晰，宝贝突出；

②宝贝价格有竞争优势；

③最好有售出记录（可以给买家信心，这很重要）；

④宝贝详情内容丰富；

⑤多选择不同分类的宝贝。

（3）加入淘宝直通车需要开户费用么？

卖家加入淘宝直通车首次需存入500元起的预付款，付款成功后卖家的直通车账户就开通了。这些预付款全部是卖家可使用的推广费用，形式类似手机预存话费，不会收取卖家任何的服务费用。账户续费充值200元起即可。

（4）店铺宝贝在淘宝直通车上主要会呈现哪些推广信息？

买家通过搜索关键词，在淘宝直通车展位上将看到对应的推广信息（图片和标题），点击感兴趣的推广信息后可进入到宝贝详情页面。

可见关键词、推广图片、推广标题这三大推广信息要素将对卖家的推广能否吸引买家进店起到至关重要的作用。

（5）淘宝直通车每个宝贝可以设置几个推广标题？

淘宝直通车每个宝贝可以设置两个推广标题，两个标题都有机会被展示。添加标题的当天，系统会轮流展现两个标题，之后会根据各项参数，调整展现几率，如点击量、点击率等较高的宝贝展现几率会逐步增多，同时另一个标题展示几率会相应减少。两个标题的功能是为了提高宝贝的展现质量，由系统辅助帮卖家获得更多点击量，每次只展示一个标题。

（三）直通车操作技巧展示

第一招：设置好“日限额”“投放区域”“投放时间段”和“平台投放”。

（1）选择“不设置日限额”。

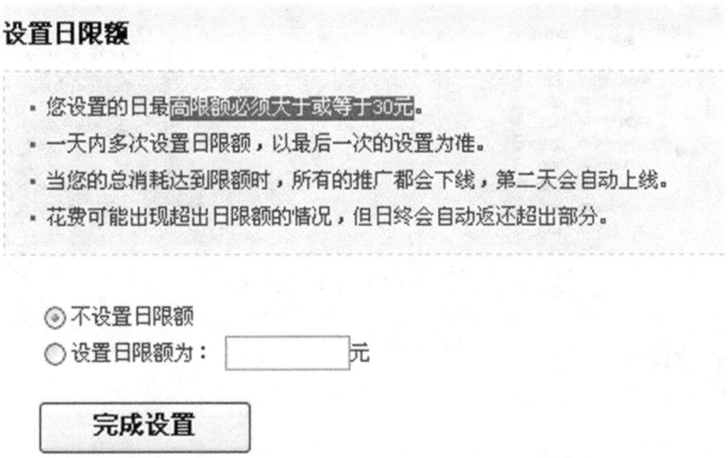

图4－67

（2）除了潮州外，全国其他城市都投放。

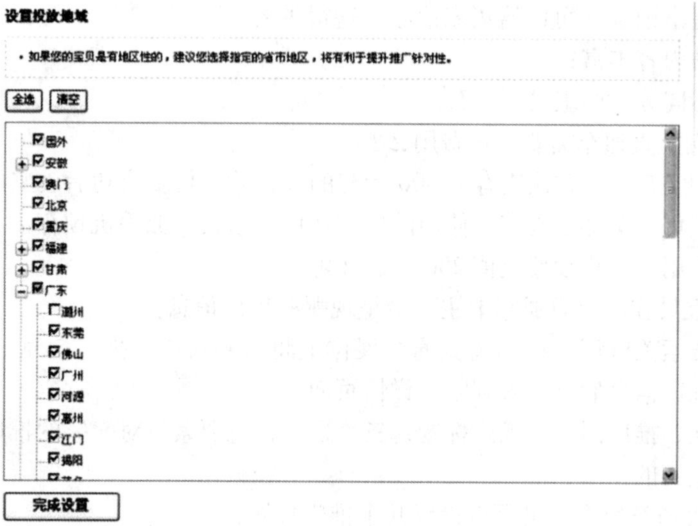

图 4－68

（3）不同时间段可以设置不同的出价，以星期一为例。在顾客访问时间的高峰期可以出价高一些，反之可以设置低些，用百分比可以做到。

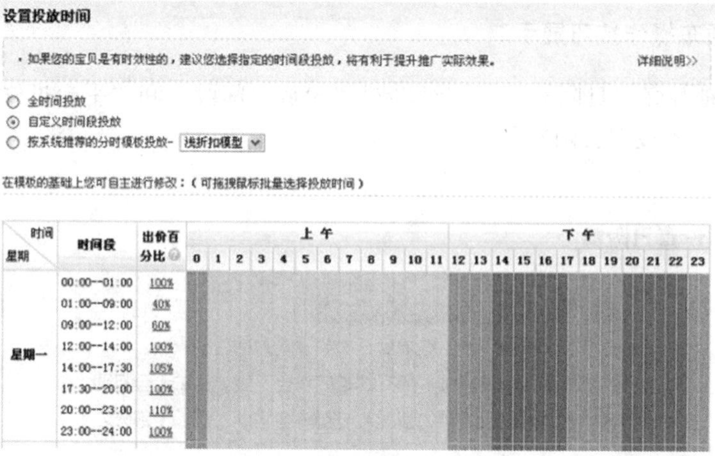

图 4－69

（4）平台投放设置。

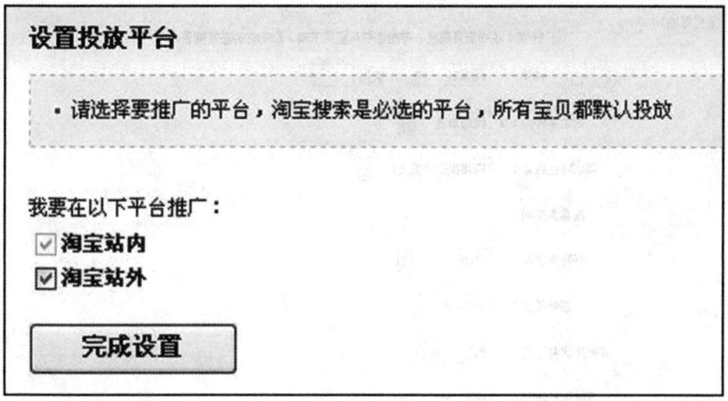

图 4 – 70

第二招：设置好类目出价。

(1) 什么是类目?

每发布一个宝贝，就为自己的宝贝选择一个类目（包括卖家选择的属性也是类目）。

图 4 – 71

宝贝的属性要尽可能地填详细。

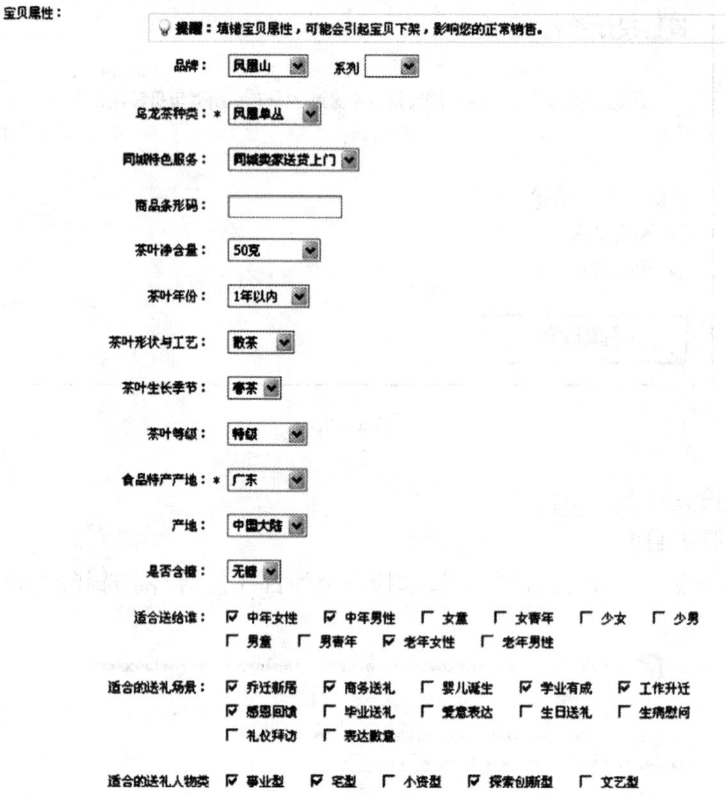

图 4－72

（2）为什么要设置类目出价？

类目出价是十分重要的，大家知道，在淘宝网上有一半买家是直接点击“类目”来购买宝贝的。所以说，如果卖家设置了类目出价，宝贝就会有更多的流量和展示机会；还可以以更优惠的价格带来更有针对性的流量。

很多卖家在使用直通车的时候往往为了一个好的竞价词花了大笔的资金却忽视了类目出价，那么淘宝直通车的类目出价应该怎么设置？有什么技巧呢？

图 4－73

点击进入“修改类目出价”后，不要使用默认出价，最好自定义出价。

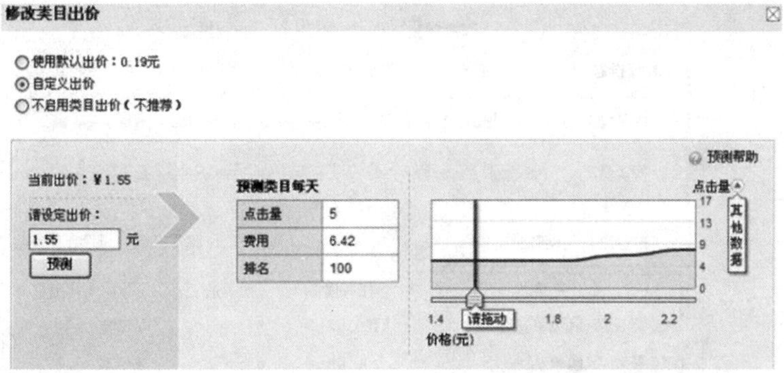

图 4－74

（3）类目出价技巧。

①多角度推广。

要尽量避免同类目同属性的商品同时参与类目竞价；不同类目、同类目不同属性的商品都进行推广。

②高低价处理。

针对优势宝贝，类目出价高，设置在前 50 名；针对无成交记录、优势不强的宝贝，出价低。在一级类目下排名 50 以后，在子类目下保证前 50 名。

③巧用 1 分设置。

很多卖家误以为，加价幅度是 1 毛，其实只要增加 1 分就能增加无数排位。如果卖家目前的出价是 0. 1 元，提高到 0. 11 元就可以有更靠前的排名。

第三招：关键词设置技巧。

（1）5 分钱是起步价。用“5 分”设置多个推广宝贝的关键词。将店里不同类型不同品种当中最好卖的产品都拿出来推广，充分利用最低价。设置好后每天观察直通车的“开车”情况，根据排名再适当调整价格。

（2）准确添加关键词。

①淘宝推荐。

如“系统推荐”“相关词查询”，自己在当中选择比较关联的词添加。

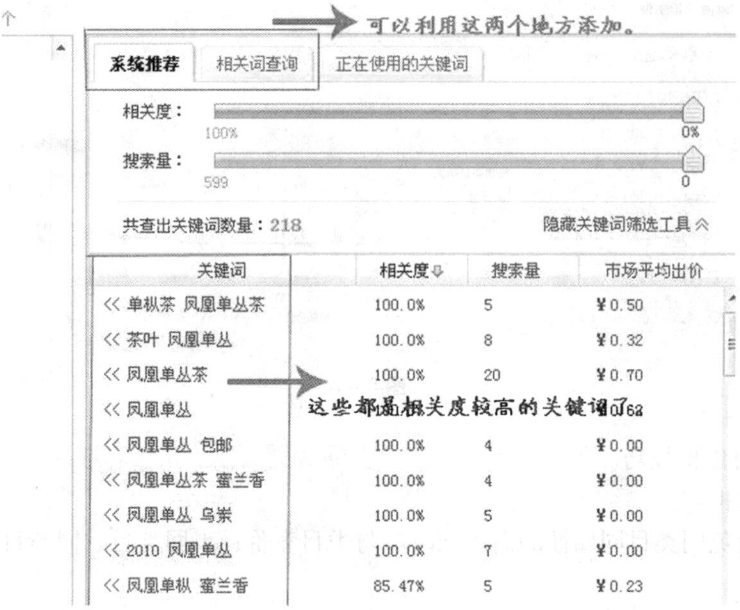

图 4－75

②淘宝搜索栏。

图 4－76

例如：输入关键词“单丛茶”时下方会出现：“单丛茶 500”“单丛茶叶”“单丛茶 250”等，这些都可以用来添加。还有下面一行“你是不是想找”也可以进行选择，而且每个词点进去，又会显示不同的关键词。

图 4－77

③量子统计里面的“淘宝搜索关键词”。

量子统计里有一项“淘宝搜索关键词”，卖家可以选“最近 30 天”的显示，这表示最近 30 天内顾客通过这些词来到你的店铺。

需要注意的是，不同宝贝要设置不同关键词，重复设置就没什么意义了。但最关键的还是要常常加以优化。

（3）关键词出价技巧。

店铺主营的宝贝关键词价格可以设得相对高一些。而利润少、非主营的宝贝，也可以拿来做推广。尽可能设置 200 个关键词，出价可以出 0.05 元或者 0.06 元，这样每天也可以为店铺带来不少的流量。例如：某店铺主营是单丛茶，单丛茶的关键词相对设得高一些。而茶具和茶叶罐热销的几款也都做了直通车，每个关键词设的价格是 0.05/0.06 元。总体下来，每个宝贝的平均点击费用就很低了。

宝贝	消耗来源	展现量	点击量	点击率	花费	平均点击费用	推广引入的浏览量	单次点击效果指数
秒杀/凤凰单丛茶/2010年新茶凤凰茶单枞茶 乌龙茶 75...	总计	25666	51	0.2%	¥40.17	¥0.79	81	0.95
凤凰茶/一级乌岽蜜兰香凤凰单丛茶2010新茶叶单枞茶 ...	总计	16261	29	0.18%	¥26.96	¥0.93	33	0.36
NO.31{出厂价直销 正品金灶TP-400 随手泡电茶壶{烤...	总计	11933	29	0.24%	¥1.44	¥0.05	32	0.36
25）精品工夫茶具 紫砂壶【朱泥壶】特价亏本促销中...	总计	3675	27	0.73%	¥1.46	¥0.05	33	0.37
不锈钢密封茶叶罐 凤凰单丛茶专用茶叶桶/ 规格150克...	总计	4809	20	0.42%	¥1.00	¥0.05	26	0.60
20）骨瓷 手工彩绘 浮雕兰花 3寸闻香茶备 盖碗|茶盘...	总计	6857	20	0.29%	¥1.12	¥0.06	27	0.89
推荐{钛金鸣笛不锈钢水壶/煮水壶/开水壶/琴音壶}电...	总计	5442	19	0.35%	¥1.00	¥0.05	19	0.33

这两款是本店主打产品，因为出价会高一些。点击量也是排在前面的

只有0.05元/次。

这几款相对就是店里其他类型的宝贝了。因为我只出价0.05元或0.06元。但也为店铺带来不少点击和流量

图 4-78

宝贝	状态	默认出价	展现量	点击量	点击率	总费用	平均点击费用
骨瓷 手工彩绘 浮雕兰花品茗杯 功夫茶具/陶瓷茶具 工夫茶杯25cc ¥9.90	推广中	¥0.06	574	2	0.35%	¥0.12	¥0.06

图 4-79

30）精美骨瓷釉上彩浮雕红鲤鱼薄胎茶具滤网/茶滤网组|茶漏/网架 ¥15.00	推广中	¥0.06	1338	2	0.15%	¥0.11	¥0.06
5）枫溪瓷都 精美红金鱼工夫茶具(7件组合)，便携式旅行茶具 ¥48.00	推广中	¥0.05	1197	2	0.17%	¥0.10	¥0.05
NO.31{出厂价直销 正品金灶TP-400 随手泡电茶壶{烤漆/抛光} ¥55.00	推广中	¥0.05	1958	5	0.26%	¥0.24	¥0.05

都是0.05/0.06元的出价

图 4-80

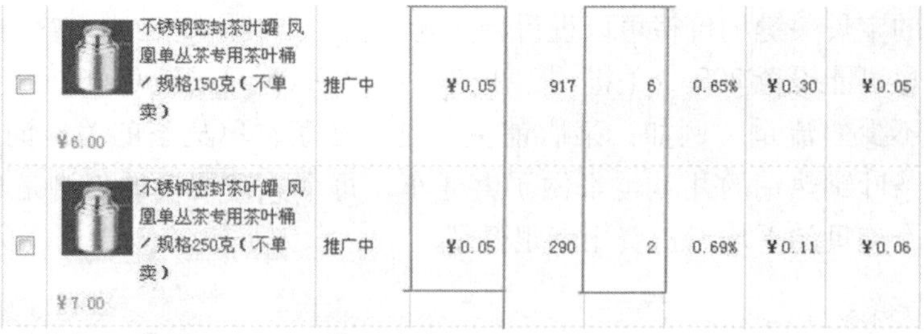

图 4－81

通过 5 分钱设置多推广宝贝，流量会比之前好，并带动了整店的销量，花费也只要 12 元左右。

财务记录

选择数据时段：2010-04-30 － 2010-05-07 查询

下载　　每天花费12元左右

日期	支出(元)	存入(元)	日终结余(元)	备注
2010-05-06	¥12.18		¥1691.53	2010-05-06 花费
2010-05-05	¥12.59		¥1703.71	2010-05-05 花费
2010-05-04	¥15.75		¥1716.3	2010-05-04 花费
2010-05-03	¥12.92		¥1732.05	2010-05-03 花费
2010-05-02	¥13.32		¥1744.97	2010-05-02 花费

图 4－82

以下是使用直通车推广后一个月来的销售简报。

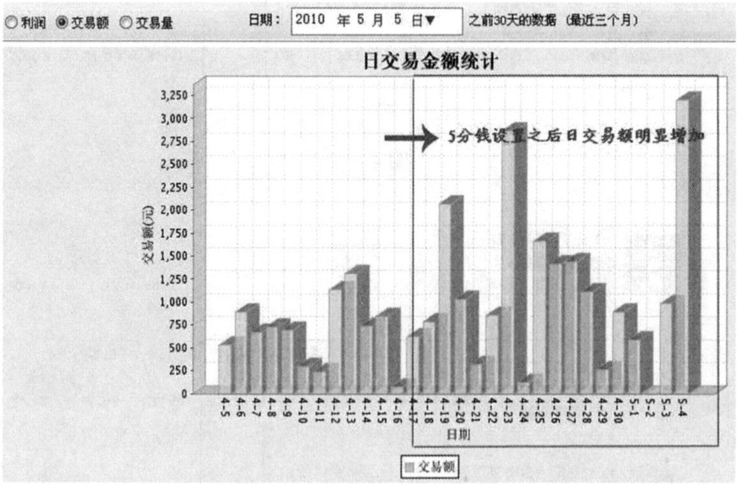

图 4－83

二、淘宝客

（一）淘宝客推广

1. 什么是淘宝客推广

淘宝客推广是一种按照成交量来计费的推广模式，由淘宝客帮助淘宝卖家推广商品，买家通过推广的链接进入完成交易后，淘宝卖家支付一定比例的佣金给帮助推广的淘宝客。

2. 谁是淘宝客

帮助淘宝卖家推广商品，推广的商品成交后，获得一定佣金的人。

3. 淘宝客分类

个人：博客主、论坛会员、聊天工具使用者、个人站长。

网站：博客、门户、资讯、购物比价、购物搜索等网站。

4. 淘宝客推广的角色关系和流程

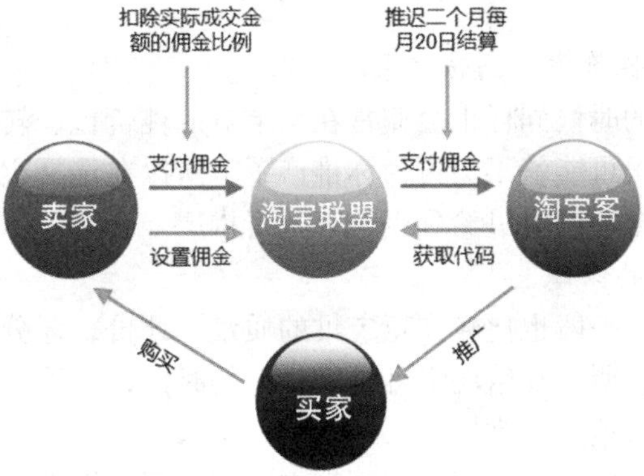

图 4－84

5. 淘宝客优势

（1）海量与精准的完美结合——超百万活跃推广者遍及互联网各个领域。

（2）无与伦比的投资回报比——平均投资回报比在1∶16以上。

（3）每一分钱都花在刀刃上——展示、点击全免费，成交才付费。

（4）走可持续发展的道路——建立自己的营销队伍，而非临时广告。

6. 淘宝客定位

淘宝客不只是一种推广工具，而且是低成本运营店铺的必备策略，是一种基于利益分享和共享的营销模式（宝贝卖出去有利润，分给淘宝客一部分）。

（二）怎样招募淘宝客

在招募淘宝客前，必须先了解淘宝客，把自己当作一个淘宝客去想他们需要什么。如果站在淘宝客的角度满足了他们的需求，还愁没有淘宝客推广你的店铺吗？增加店铺对淘宝客的吸引力，招募淘宝客可以从以下几个点入手：

1. 设置具有诱惑力的佣金计划

在制订佣金计划的时候，最大力度地让利淘宝客，主推款可以将佣金给到最高，当然，最好是设置定向计划的最高佣金，并且让淘宝客留下联系方式，这样便于后续和淘宝客的沟通，有的卖家直接将佣金比例设置到50%，其实这个对淘宝客的吸引力是比较大的，要知道淘宝客推广是按成交量付费的，“投入”是一定有相应的“回报”的。

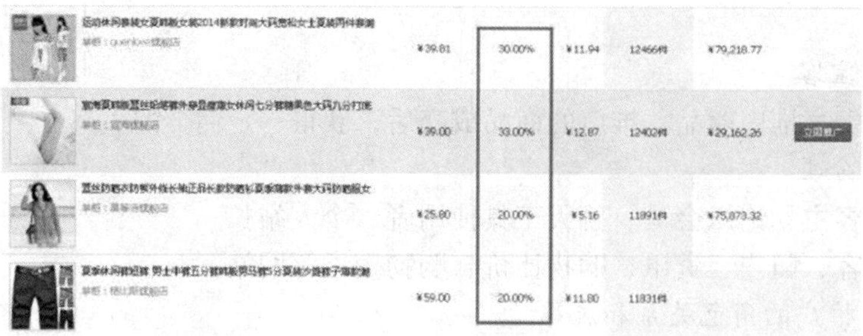

图 4－85

2. 推广宝贝具有高性价比、高转化率的特点

淘宝客在推广产品的时候同样也会非常在意宝贝的性价比、转化率，他们给了很多流量，但是不成单，下次很可能就不会再为你推广了，所以在选择宝贝给淘宝客推广的时候也要注意，一定要选择合适的宝贝给到淘宝客进行推广。

3. 宝贝质量、评分的保证

淘宝客在做推广时，一般也比较在意宝贝的质量、评价、评分等因素，他们会把优质的宝贝推荐到用户面前，所以在给淘宝客进行推广的时候，宝贝本身的各项因素一定要过关，这样才能持续、长久地进行推广。

当我们自身内功修炼成功后在哪里找到淘宝客呢，下面提供几种渠道供大家参考：

先来看看所有淘宝客的组成部分。

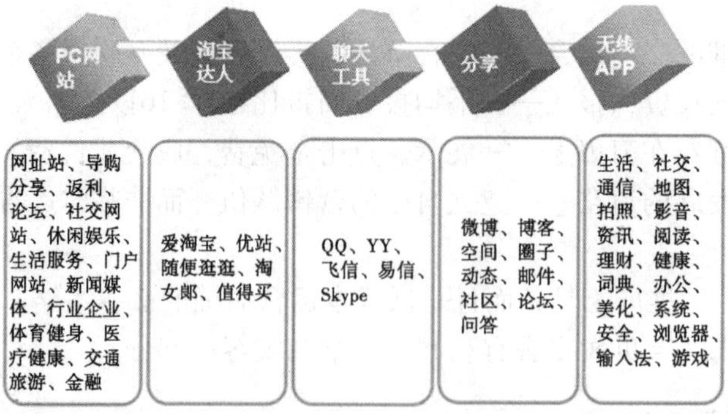

图 4－86

（1）主动出击，从淘宝客类型出发进行寻找淘宝客。

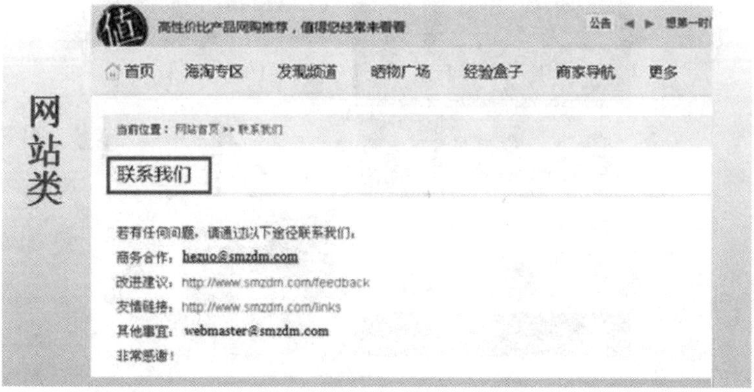

图 4－87

图 4－88

图 4－89

图 4－90

（2）利用联盟后台数据发掘淘宝客。

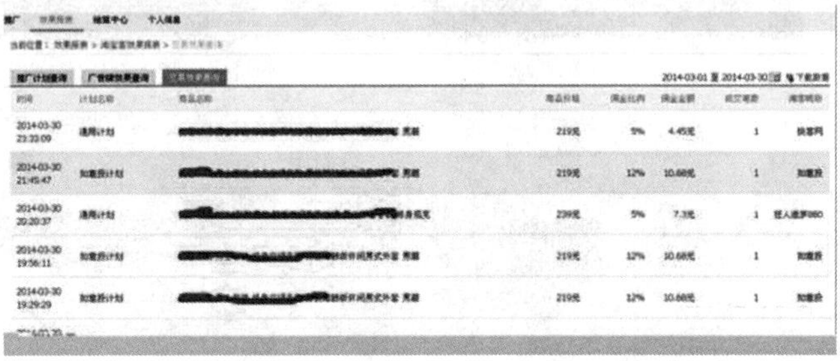

图 4－91

（3）利用生 e 经发掘淘宝客。

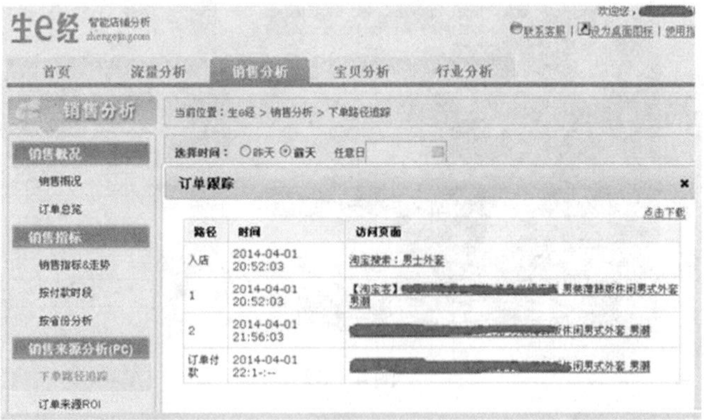

图 4－92

（4）添加相应淘宝客 QQ 群寻找淘宝客。

图 4－93

（5）各大站长类网站广发招募贴。

图 4－94

二、怎么维护好淘宝客

招募到淘宝客之后接下来要做的工作就是维护了，招募到淘宝客只是万里长征的第一步，重中之重是维护淘宝客。这关系到淘宝客是否会长期推广店铺和店铺淘宝客推广能否稳定下来。

1. 需要淘宝客的联系方式以便长期合作

在设置计划的同时要求淘宝客们留下联系方式，审核的时候通过淘宝客留下的联系方式及时联系申请计划的淘宝客，告知他们计划已经通过了，可以开始推广店铺了，同时筹备并建立属于自己店铺的淘宝客群。

图 4－95

2. 需要了解淘客的需求

可以在店铺淘宝客群里面多和淘宝客交流，了解他们需要什么。及时在店铺淘宝客群更新店铺的优惠信息和佣金变动情况，主动提供店铺推广所需素材，包含图片、软文等，让淘宝客推广店铺时更省心一点。

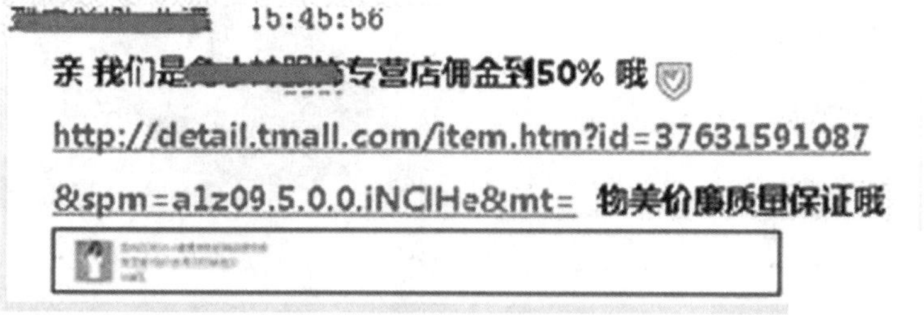

图 4－96

3. 让淘宝客更愿意推广你的店铺

不定期举办淘宝客奖励计划或淘宝客大赛，增强淘宝客的积极性以及和店铺的互动，这样做不仅可以维护老淘宝客，还可以吸引新淘宝客，促进店铺长远发展。

当大家注意了以上两大点，并和店铺实际情况进行结合，找到适合店铺的淘宝客，和淘宝客进行真诚沟通，淘宝客就会对店铺产生很大的帮助。

项目小结

网上开店是件容易的事，但要把店内的宝贝推销出去却并不容易，这个项目给大家介绍了怎样在网上进行免费推广和付费推广，因每种推广方式各有优缺点，各种推销技巧大同小异，为了不出现重复介绍的情况，在介绍每种推广方式时都选择其中一种或几种推广技巧重点介绍。站内站外论坛发帖回帖中重点讲软文的写作；博客微博推广重点讲树立品牌意识的推广技巧和各种创新推广技巧；QQ群、旺旺群推广重点讲综合运用，QQ、旺旺中的各种工具推广及与客户的聊天技巧。基本的网店促销方法和手段不多，但店主可以通过不同的操作方法变出各种花样，让促销更加给力。很多卖家会忽略促销前、后的准备和维护工作，通过此章的介绍，大家应充分意识到促销活动整体策划的重要性。除了自己组织促销活动外，店主还可以积极参加淘宝官方的促销活动。在实际操作中，不管采用何种推广方式都应综合运用各种推销技巧，做到砍柴不怕磨刀工，持之以恒的推广，才会达到不错的推广效果。

【思考与训练】

1. 思考题。

（1）写出五种常用的促销手段，并举例说明其使用方法。

（2）以文具、小米手机、小清新雪纺裙三种商品为例，分析它们的销售对象和最佳促销时机。

（3）策划实施促销活动时要注意哪些问题?

（4）如何评价促销活动是否成功? 请列举出五个重要的数据指标，并说明它们的意义。

2. 实践题。

以情人节、“双十一”天猫购物狂欢节为契机，分别设计这两个节日的网店推广活动，经营细节可自拟。

要求：

（1）合理使用各种网店推广手段。

（2）做好网店推广前的调研，推广中的实施，推广后的评估等各项工作。

附　录

消保保证金常见问题[①]

一、消保保证金缴纳问题

1. 淘宝网的消保保证金是什么？

消保保证金是您根据《消费者保障服务协议》约定的条款和条件及淘宝网其他公示规则的规定缴存并冻结于您的支付宝账户，在您未履行消费者保障服务承诺时用于对买家进行赔付的资金。

2. 淘宝开店必须缴纳保证金么？需要缴纳多少保证金？

为了更好地保障消费者，淘宝依照《消费者保障服务协议》，规定必须缴纳消保保证金的商品类目。也就是当卖家开店后，发布以下类目宝贝时，如果没有提交消保保证金只能发布“二手”商品，只有提交消保保证金才可以发布全新商品。详细类目及缴纳保证金金额详见全文第二部分内容。开店成功后，如需缴纳保证金请进入卖家中心—消费者保障服务（未开店成功的用户请勿点击）中进行缴纳。

3. 我的保证金去哪里了呢？保证金是交给淘宝了么？

您的保证金缴纳之后，保证金金额将冻结在您的支付宝账户中，冻结保证金时，保证金未曾离开过您支付宝账号，所以在收入/支出明细中不会有记录，只是支付宝余额从可用余额转换成不可用余额，总的支付宝账户余额不会发生变化（也就是交成功了支付宝余额没少，解冻了支付宝余额不会多）。保证金仍是属于卖家自己的资金。

4. 保证金交了以后什么情况可以解冻？

如果卖家不想继续在淘宝网经营了，或者因为经营情况发生变化（比如不再经营强制缴纳保证金的类目商品）需要申请保证金解冻，可以进入卖家中心—消费者保障服务中操作申请解冻。满足解冻条件后，立即解冻保证金。解冻后的资金动向依然可以在支付宝不可用余额明细查询。

5. 解冻消保保证金条件

（1）没有未完结的交易，交易状态需要为成功/关闭，才能申请解冻。

---

① http：//service. taobao. com/support/knowledge - 1133649. htm？ spm = 0. 0. 0. 0uUhqxy.

（2）没有进行中的售后或投诉，售后/投诉完结后状态为成立/不成立/撤销才能申请解冻。

（3）没有交易成功在 15 天保障期内的交易，交易成功后的 15 天后才能申请解冻。

（4）没有进行中的赔付/催缴记录，补缴或待赔付完结后才能申请解冻。

（5）如果有加入特色服务，请先退出特色服务后再操作申请解冻保证金。

二、必须缴纳消保保证金的商品类目有哪些?

为了更好地保障消费者权益、提升经营以下类目商品卖家的服务水平和商品质量，淘宝依照《消费者保障服务协议》，规定必须缴纳消保保证金的商品类目如下：

说明：发布以下类目宝贝时，如果没有提交消保保证金只能发布“二手”或“闲置”商品，必须提交消保保证金才可以发布全新商品。

提交保证金具体方法：您可以通过“卖家中心”—“客户服务”—“消费者保障服务”申请提交保证金。

类目	保证金金额（元）
度假线路/签证送关/旅游服务	1 000
景点门票/实景演出/主题乐园	1 000
特价酒店/特色客栈/公寓旅馆	1 000
手机号码/套餐/增值业务	1 000
网店/网络服务/软件	1 000
网游装备/游戏币/账号/代练	1 000
手机	10 000
台式机/一体机/服务器	1 000
电脑硬件/显示器/电脑周边	1 000
MP3/MP4/iPod/录音笔	1 000
个人护理/保健/按摩器材	1 000
办公设备/耗材/相关服务	1 000
厨房电器	1 000
大家电	1 000
宠物/宠物食品及用品（狗狗）	1 000
宠物/宠物食品及用品（猫咪）	1 000
闪存卡/U 盘/存储/移动硬盘	1 000
网络设备/网络相关	1 000
音乐/影视/明星/音像	1 000
平板电脑/MID	1 000

（续上表）

类目	保证金金额（元）
书籍/杂志/报纸	1 000
国货精品数码	1 000
影音电器	1 000
电子词典/电纸书/文化用品	1 000
生活电器	1 000
电玩/配件/游戏/攻略	1 000
彩妆/香水/美妆工具	1 000
笔记本电脑	1 000
美容护肤/美体/精油	1 000
美发护发/假发	1 000
电玩/配件/游戏/攻略	1 000
3C 数码配件	1 000
数码相机/单反相机/摄像机	1 000
腾讯 QQ 专区	1 000
网络游戏点卡	1 000
移动/联通/电信充值中心	1 000
床上用品/布艺软饰	1 000
玩具/模型/动漫/早教/益智	1 000
童装/童鞋/亲子装	1 000
零食/坚果/特产	1 000
家装主材	1 000
电影/演出/体育赛事	1 000
本地化生活服务	1 000
奶粉/辅食/营养品/零食	1 000

注：消保保证金只需缴纳一次，若店铺中销售的产品覆盖多个类目，那么消保保证金不需要分别缴纳，例如卖家 A 既销售玩具又销售童装，那么保证金只要缴纳 1 000 元。

参考文献

1. 徐茂权．网络营销决胜武器　软文营销实战方法、案例、问题．北京：电子工业出版社，2013.

2. 胡卫夕，宋逸．微博营销　把企业搬到微博上．北京：机械工业出版社，2014.

3. 孙东梅．淘宝店铺网络营销赢家手册．北京：电子工业出版社，2010.

4. 前沿文化．淘宝开店必读　淘宝开店、经营、装修与营销（附 CD 光盘）．北京：龙门书局，2012.

5. 葛存山．淘宝店铺经营管理 1 册通．北京：人民邮电出版社，2014.

6. 肖冰果．消费者信任：移动商务　信任资源　动态管理技巧．北京：中国经济出版社，2014.

7. 朱志辉，董丽雅．网店经营与管理．北京：化学工业出版社，2012.

8. 岚姐姐．网店经营宝典　从“新手”到职业网商的蜕变．北京：清华大学出版社，2008.

9. 葛存山，何秀芳．淘宝网开店、装修、管理、推广一册通．北京：人民邮电出版社，2010.

参考文献